Memory War

Crises Spelled by "Holocaust" Discourse

記憶の戦争

「ホロコースト」の呪縛と現代的危機

橋本伸也 著

Nobuya Hashimoto

名古屋大学出版会

記憶の戦争——目　次

序　章　現前化した戦争と「記憶の政治」

二〇二二年二月二四日、ロシア連邦大統領ウラジーミル・ウラジーミロヴィチ・プーチンの命により、対立と共存をはらんだ長い過去を共有する隣国ウクライナへの武力攻撃が強行された。二〇一四年のウクライナの政変以降、地域限定の武力紛争が長く続いたが、ロシア軍本体による全土の標的化で性格は大きく変わり、文字通りの国家間戦争に転じた。プーチン大統領が狙ったとされる電撃的決着も、緒戦に一部で追求された即時休戦もともに封じられ、国際社会に調停役が不在のままに戦闘は長期化、民間人と特に両軍の兵員の犠牲が積み上がった。開戦から二年半余を経た二〇二四年秋には、ウクライナ側の越境攻撃とドンバスなどでのロシア軍の優勢、さらに北朝鮮軍兵士の参戦などが伝えられ、そのさなかにドナルド・トランプが合衆国大統領に返り咲いた。「世界で最も危険な男」(1)による「和平調停」などという逆説的事態さえ想定せねばならぬ一方で、英仏両国が兵力派遣を検討という報道もあり、ヨーロッパの大国は核時代に三度目の「欧州大戦」に臨むつもりかと思わされるほどである。戦争の行方は混沌としている。

他方、すでに百年続くといわれるパレスチナ／イスラエルの戦争[2]は、二〇二三年一〇月七日のハマースによる襲撃を契機にかつてない厳しい局面を迎えた。戦闘員と民間人の区別なき殲滅戦の様相を呈するイスラエルのガザ地区攻撃は、ウクライナをはるかに凌駕する民間人の犠牲者を生み、攻撃対象も北の隣国レバノンとシリアなど周辺諸地域にまで拡大した。イランとも散発的なミサイル攻撃の応酬があり、「停戦合意」が何度か伝えられる一方で、完全な和平の可能性には悲観的見方が根強くある。ガザ地区の惨状と比して報道は乏しいが、国際法に反する西岸地区へのユダヤ人入植もいっそう拡大し、私人と国家によるパレスチナ人住民への暴力は際限を知らない。国際社会ではイスラエルによる殺戮と破壊への批判の声が高まり、国連総会の場でも、ネタニヤフ首相に先立って登壇したスロヴェニア首相ロベルト・ゴロブが、その眼前で演壇を叩いて攻撃中止を求めた[3]。だが、合衆国やドイツなど大国による物心両面の支援を受けたイスラエルの野心が止む気配はない。

現在進行形のこれらふたつの戦争が、ひとつの大きな構図のもとで相互連関的に論じられることはあまりない。並んで報道される際も、同時性・並行性を超えた内的連関が意識されることは稀だろう。もとより、同地域で継起的に発生した二度のバルカン戦争やインドシナ戦争とヴェトナム戦争の場合のように、両者間に明瞭な因果関係があるのかといえば、確かにそれは違う。だからといって無関係と断ずるのかといえば、それも無理があるように思う。ふたつの戦場で米独両国などから供与された同じ武器弾薬が使われているかもしれないのだから、両者が無縁なはずはない。本書がめざすのは、両者に共通する政治上・言説空間上の構図、換言すれば「戦争を生み出す磁場」を提示することである。両者を意識して接続させることで、私たちが生きる時代の様相の一端を捉えることも本書の目的である。そのために本書が扱うのは、ふたつの戦争に関連する「過去」をめぐる政治的な取り扱い、すなわち「記憶の政治」である。この四半世紀、過去の取り扱いが対立を生んで「記憶の戦争」と呼ばれた例もあるが、実際に武力による戦争が勃発し激化した以上、観念や言辞としての「記憶の戦争」がほんものの「戦争を生み出す磁場」として作動する様相を問うことは必須である。

ところで、念のために述べておくと、そもそもウクライナ／ロシアとパレスチナ／イスラエルには深い因縁がある。イスラエルは、神話的「記憶」を恃みにパレスチナを故郷と思い定めたシオニストが、先住のアラブ人社会との軋轢の果てに、国連決議を錦の御旗とした激戦と大規模な住民追放（「ナクバ」＝大破局）を通じて建国した国家であり、そのシオニストの多くは、ロシア帝国やソ連の一部であったウクライナなど東欧各地から来た移民だった。イスラエルが「ロシア・ユダヤ人が作った国」[4]と呼ばれる理由はこれである。そのうえ、第二次世界大戦が近づくなかでナチの迫害を逃れようとするユダヤ人や、戦後に収容所や隠れ家から生還しながら東欧の故郷で行き場を失ったホロコースト生存者《サヴァイヴァー》も、パレスチナに多く到来した。また、ウクライナなどの地域は、ホロコーストが住民間の言語に絶するむごたらしい殺戮の形で展開した舞台でもあった。そこに伏在する複雑な事情と意味を描くのは本書の射程外だが、東欧、特に西ウクライナのホロコーストとパレスチナのナクバを一人称の語りのなかで接続したオメル・バルトフの『ホロコーストとジェノサイド[5]』などの著作を通じて、より深く理解することができるだろう。

眼前で戦われているふたつの戦争の表層的な類似としてすぐに想起されるのは、「絶対悪」の換喩としての「ナチ」や「ヒトラー」といったシンボルの頻用である。ロシアはウクライナの「脱軍事化と脱ナチ化」を開戦目的に掲げ、逆にウクライナのクレーバ外相（当時）は開戦翌日のツイートで、キーウへの攻撃を独ソ戦緒戦のナチ・ドイツによる首都急襲に擬《なぞら》えた。[6] ネタニヤフ首相はハマースをナチと言い募って久しいし、そもそもイスラエルにとって「敵」はすべからく「反ユダヤ主義者」の「ナチス」であり「ヒトラー」とみなされるべきなのだが、[7] 対してトルコのエルドアン大統領は、ガザ地区への攻撃を舌鋒鋭く非難するにあたりネタニヤフをヒトラーに喩えた。[8] 戯画化も含めてこの種の比喩が頻用され、大戦終結からすでに八〇年近く経過したというのに、いまだに悪の観念はナチとホロコーストに呪縛されている。だが、自己正当化と敵の悪魔化にとってこのシンボルの使用が効果的だとする共有された感覚は、実は自明のことではない。冷戦期に支配的な絶対悪の象徴は、両体制に共通する「ナチス」や「ファシスト」と並んで、「アカ（共産主義）」であり「米帝（アメリカ帝国主義）」だったはずである。絶対悪をヒトラーに収斂させ、ナチスに悪を独占させる心性と修辞は「逆立ちした英雄史観」と呼べそうだが、そのような像が立場を超えて共有されるようになった構図は、それ自体が説明を要する。

もうひとつ顕著なのは、プロパガンダ的用法と国際司法的意味を混在させながら、「ジェノサイド」の語を用いた告発や非難がいずれの場面でも広く見られることである。過去三〇年余、長く忘却されてきた「ジェノサイド」の語が、巨大な暴力を裁き正義を回復する司法的努力のなかで復活して錬磨される一方、それにもまして自国・自集団の犠牲者性《ヴィクティムフッド》を喧伝する政治的道具として濫用されてきた。その結果、ジェノサイド概念とホロコーストとの関係の理解は一筋縄ではすまなくなっている。後にホロコーストと呼ばれた殺戮は、確かにジェノサイド概念が成立する契機だった。だが、広く指摘されているとおり、ホロコースト記憶の政治的濫用が植民地をはじめ各所で起こったジェノサイド的出来事の認識や記述にとって桎梏化する一方、犠牲者性をめぐる序列争いを激化させて紛争の火種を提供している。

こうした状況の理解は、ふたつの戦争の置かれた歴史的文脈を考えるうえで不可欠である。これらの共通点からは、ロシアとウクライナ、イスラエルとパレスチナに限定されないより広域的な問題状況が示唆されるからである。問われているのは、現代の戦争と暴力にまつわる世界規模の「記憶の政治」の構図であり、そのなかでのホロコーストの位置どりである。

別のところでも少し書いたことではあるが[9]、もう二〇年近く中東欧・バルト諸国とロシアにおける「記憶の政治」に取り組むなかで筆者は、各国の記憶政治が国内の諸集団間の対立を激化させ、隣国等との間で相互作用的に敵意を亢進させる様子を観察し、それを通じて日本におけるホロコースト記憶の扱われ方に実に割り切れない思いを抱いてきた。「過去の克服」「記憶文化」「歴史修正主義」といった言葉を駆使してドイツをモデル化し、それを規矩として日本の過去への向き合い方を論じながら、(例外的に野村真理の一連の仕事があるとはいえ)アウシュヴィッツ以外のホロコーストの現場にほとんど無関心な様子には苛立たしさも感じていた。ホロコーストの「唯一無二性」なる主張を鵜呑みにし、現代ヨーロッパで国際政治の道具としてホロコースト記憶が駆動させられる動態とその意味を捉え損ね、ひいてはホロコーストと深くつながったパレスチナ／イスラエルを視野の外に放置して痛みを感じぬ学知のあり方、たとえば西洋史学界の様子には、本当にこれでよいのかとの思いを募らせてきた。

ホロコーストないしナチ犯罪を突出させ、ドイツによる「過去の克服」を範型視する政治化された歴史記述に対置して筆者は、文字通り『記憶の政治』と題した著書をはじめとして、ポスト冷戦時代における過去の政治的取り扱いを広域的に文脈化し、世界規模の構図に位置づけるよう提案する数点の書物を世に問うてきた[10]。続いて、『灰燼のなかから[11]』という二〇世紀ヨーロッパ通史も翻訳したが、その際に考えたのは、統合ヨーロッパへのやや楽観的にすぎる評価にもかかわらず同書は、冷戦終結後に復活して中東欧諸国の記憶政治に共通の土台を提供した全体主義論とは異なり、ナチズム及びファシズム、ソ連型社会主義、西欧型自由民主主義をいずれも「モダニティ」を追求して競合した三つの併存する体制として把握する枠組みが有意義ということだった。さらに、パレスチナへの無関心と不可視化に対しては、二〇二三年前半に公表した複数の小論で「ホロコースト記憶の特権化がもっとも深刻な影を落としたのが、パレスチナ問題である」（本書二六頁）などと書いた。これらの問いかけが西洋史などの学界で肯定的に受容されたとはとても思えないが、筆者自身は、ホロコースト記憶とナクバの記憶の接続可能性や両者の接続を阻害する世界規模の「記憶の政治」の構図、その磁場のもとに置かれた従来の人文学と社会科学とりわけ歴史学におけるナチやホロコーストの扱いに潜む重大な瑕疵、これらの問いに本気で取り組む必要を感じてきた。この思いが極点に達するきっかけを与えたのが一〇・七のハマースにより襲撃であり、それを奇貨としたかのようなイスラエルによる民間人の殺戮だった。上述のオメル・バルトフの著作の翻訳を発意し、ヨーロッパ現代史の全面的見直し《リヴィジョン》のための方略をさらに考えるようになった。

本書は、このような思いを込めて過去五年余のあいだに学術雑誌等に書きためた一連の小論を集成し、書き下ろしの第8章を加えて編んだものである。収録したものには、歴史研究者を捕縛するグローバルな「記憶の政治」の構図を史学論の次元で扱ったもの（第1章）、ロシアとウクライナの事例に即して、ナショナルに構築された過去の語りが相互促進的に敵意を増幅させ、武力による戦争にまで立ち至る構図を観察したもの（第2章・第3章）、「ジェノサイド」概念に内在する問題性をややエピソード的な視点を交えて論じたもの（第4章、補論1）、ホロコーストの論じ方にまつわる困難さをふたつの対照的な書物への批評として扱ったもの（第5章・第6章）、そしてガザにおける民間人殺戮を批判できないドイツの「過去の克服」の転落ぶりを論じ、ホロコーストとパレスチナの接続可能性を語ったもの（第7章、補論2）が含まれる。いずれも、初出時に紙幅の制約などで省いた点を書き足し、現在までの状況変化を踏まえて必要な加筆修正を施した。他方、書き下ろしの第8章は、哲学者バートランド・ラッセルの名前を冠したふたつの民間法廷を取り上げて、ニュルンベルク裁判からヴェトナムを介してパレスチナにつながる継受と連続性を提示し、ドイツ的な語りとは異なる経路でナチ犯罪とホロコーストの記憶の継承の可能性を追究したものである。各章は相互に深い内的連関を有するが、異なる場面で執筆したものであるから、それぞれ独立したものとして読むことができる。最後に終章では、武力による戦争が現前化した時代における「記憶の政治」の論じ方を考えるために、一部旧稿も交えながら、ポピュリズムと民主主義の危機の時代に「戦争を生み出す磁場」をもたらした記憶政治の様相について検討する。これらを通じて、行方の知れぬ混沌たる現在の様相を読み解く観点を、せめてひとつでも提示できれば幸いである。

第1章　「歴史」の書かれ方と「記憶」のされ方
——人々はなぜ過去をめぐって諍いを起こすのか——

「歴史認識のポリティクス」？

歴史科学協議会第五六回大会（二〇二二年一二月）で報告を求められた際の共通テーマは「歴史認識のポリティクス」と「ポスト冷戦期の歴史認識」だった。だが、そもそも「歴史認識」とはいったい何なのだろうか？　「歴史（学）」と「歴史認識」はどう違うのか？　「歴史認識」という範疇化は、ポスト冷戦期に展開された「過去」をめぐる政治の考察にとって適切なのか？　筆者自身も、出版社の要請もあって旧著の表題に使ったことがあるが、ある時期からは「日本では歴史認識問題と呼ばれる」と断り書きを添えることにした。日本で「歴史認識問題」として想起される問題群は、そうは語られずとも世界に遍在するというのが筆者の年来の見立てだが、この翻訳困難で汎用性の乏しいドメスティックな概念が無反省に使用されてきたのは、日本国政府が好んだという事情に加えて、ドイツ的な「過去の克服」の範型視を裏返して、過去をめぐる日本政治の後進性や特殊性を告発しようとする意思に囚われた、閉じた思考と無縁ではないように感じてきた。しかるに、日本が近隣諸国との問で抱えた問題を例外視することなく、ポスト冷戦期に世界規模で顕在化した過去をめぐる紛争化の様相をこぞってより適切に捉えるには、国際通用性のある範疇と枠組みを見出す必要がありはしないか。このことを議論の大前提として確認しておきたい。

では、世界規模でこの種の問題を扱う共通の概念や合意があるのかと問われると、なかなか難しい。日本で「歴史認識問題」とされる多くは、政治的・社会的に構築された「集合的記憶（collective memory）」をめぐる国家間・集団間の紛争事例に近似し、そのコロラリーとして「記憶の戦争（memory war）」、「記憶紛争（memory conflict）」など多様な表現を確認できる。ウクライナの歴史家が二〇二二年に出版した「歴史政治」を論ずる著作のタイトルは *Memory Crash*[1] だ。他方、アメリカではずいぶん以前に history war が語られ、日本の某新聞社はこれに倣ったのか、「歴史戦」を掲げた政治キャンペーンを繰り広げた。「歴史（学）」そのものに着目する例も散見されるとはいえ、趨勢として「記憶」を軸に据えた議論が多そうだ。この種の問題を扱う研究分野は「メモリー・スタディーズ」と称され、しばらく前に国際学会[2]も誕生した。世界の学界では、「記憶」をキーワードに捉えられる問題群と歴史学上の問題群とが交錯し、両者の関係とその扱い方は各国の経路依存性によって異なる様相にあるが、日本でも、方法論的反省を欠いて未分化なままに「歴史認識」と「記憶」という用語が用いられてきたような印象がある。いずれにせよ、「記憶」の前景化を前提に歴史学が問い直される時代であることに自覚的でありたい[3]。

「歴史認識」と「記憶」と「歴史」

「歴史認識」に筆者がひっかかる理由は、この語につきまとう「啓蒙」的性格にもある。過去の「事実」について「正しい認識」を普及浸透させれば対立の克服が可能とする楽観的ないし無邪気な態度、と言ってもよい。もちろん、ランケ以来の近代歴史学は、「史実」の探究を使命に方法論的練磨を重ねてきたわけだから、「歴史」に関わる以上、過去の事実の真正性が基準とされるのは当然である。他方、この種の啓蒙的態度は、現実の紛争局面に出会った途端、「正しい歴史認識」を自明の前提に、「歴史の歪曲だ」「過去への反省が足りない」「過去の教訓に学んでいない」という倫理的次元に置換され、そのまま運動論的話法に回収されがちだ。もとより、正義を達成するための批判的言説の大切さに異を唱える意図はないし、対抗言論が消えてよいはずもない。だが、倫理化された事実性の主張に拘泥し過ぎると、隘路に迷い込むおそれがあるようにも思う。言いたいのは、虚偽も含めて（あるいは故意に頻用して）過去の出来事の表象が政治的・社会的に構築され動員されて集合的記憶が形成され、一定の政治的意図のもとで作動させられる構図を分析するには、事実性の追究とは別次元の道具立ても必要ではないか、ということである。史実に無頓着な物語が「歴史」の如き装いで書かれ、自己愛的言辞に読者が快楽と愉悦を求め、それが広く集合的記憶に転化する場合さえ散見されるのだから、事実性に基づく批判にどれほど有効性があるのか、と言い直してもよい。「歴史認識」と「歴史」の間には相当の距離があり、そこに「記憶」が滑り込むということかもしれない。「記憶」は、「歴史」ほどには「正しさ」に縛られない。

実はここには哲学的認識論に関わる問題があり、「記憶」の前景化と「歴史」の揺らぎには、ポストモダニズム以降の主観と客観をめぐる議論が絡んでいる。伝統的歴史学の客観主義に対して主観の優位が叫ばれたのにとどまらず、客観なるものが歴史的事実の実在性から切り離され、原理的に定立不能だと断定されたからである。そうだとすると、個人にとっての「正しさ」が歴史学の追究する事実性といかに共存可能かは、それほど簡単に片がつく問題ではない。個人に根ざす主観もまた、シンボルなどの意図的操作に左右される社会的構築物だという、きわめて厄介な事情も介在する。かかる挑戦に晒された歴史学の側では、「主体の復権」を掲げた反攻も試みられたが、それが有効な対応であったのかどうかは、現時点でにわかには判じ難い。主観への傾斜は、人々の生の実感に迫る血の通った歴史叙述の創造に貢献したし、それはとても大事なことだったのだが、人々の経験を組織化する歴史的構造とその機能の解明という問題意識を弱体化させた可能性がある。

もう一点、冷戦終結に前後して、「過去」を紛争化させる政治的・社会的変容が生じたことも見逃せない。(4) マルクス主義の権威喪失と現存社会主義の自壊は、歴史叙述における階級の軽視と、現実の社会意識の次元での階級意識の後退と抱き合わせであったが、代わって前景化した帰属とアイデンティティの論理が、集合的記憶の構築のされ方を一変させた。自由民主主義モデルに即した民主化と個人化の前進は、移行期正義や謝罪政治を通じて、過去における回顧的正義（retrospective justice）と抑圧された人々の尊厳の回復を可能にした一方、操作自在な対象としての過去を前面に押し出し、国家間・集団間の紛争の激化へと道を開いた。新自由主義の攻勢を受けて福祉国家の後退が進むと、金のかかる福祉給付に代わって、安価に一体感の愉悦を提供する手段として「記憶の政治」が強化された面もあろう。すべてを商品化して呑み込むグローバル資本主義下では、過去もまた商品化されて消費欲望の無残な餌食に成り果てたようにも見える。こうした事態を指して遺産資本主義と呼ぶ向きもある。挙げ句に、歴史の前提をなす時間感覚自体が「現在」にピン留めされてしまったとの見立てもある。社会の発展法則なる壮大なロマンを喪失した以上、現在の喜びと快楽、悲しみと怒り、そして憎悪をそのまま無媒介に過去に投影するしかなくなった、というわけだ。「歴史認識問題」というドメスティックな枠組みで論じられてきた問題群の背景には、このように幾重にも折り重なったグローバルな変容があったことに留意したい。

認識論次元や現在主義《プレゼンティズム》と呼ばれる時間経験の問題は筆者の手に余るから、これらは歴史哲学者に委ねることとして、以下では大きくふたつに区分して議論を進めたい。一つ目は、集合的記憶を構築し動員する世界規模の政治過程の考察。二つ目は、「記憶」の前景化を前提とした歴史学の方法論的反省や学問論の再検討、である。これら一群の問題についてはいくつかの著作で折に触れて論じてきたので、詳しくはそれらも見ていただければと思う[5]。

「記憶」の政治化と紛争化

先に述べたように、ポストモダニズムによる客観主義的な歴史学への断罪と言語論的転回による不能宣告が歴史学を揺るがせたが、並行して生起した現実世界の大変動、すなわち冷戦終結とソ連東欧における社会主義体制の解体が、歴史と記憶をめぐる問題群の困難さを否が応でも認識させることとなった。

冷戦終結と体制転換により中東欧・旧ソ連諸国では、長く凍結された記憶の解凍と新体制を正統化する集合的記憶の再構築が促進された。旧体制犯罪の断罪、記念碑や博物館展示の入れ替え、教科書の書き替えや副教材の作成、地名の変更などがそれである。ポーランド国民記憶院を筆頭に、記憶政治を主管する国家機関が各国に設けられ、専門家による歴史対話の体裁をとりながら、隣国との調整をはかったり対立を深めたりする例も散見された。「記憶法」と呼ばれる、過去に関する一定の言説を刑法犯罪化する試みも、中東欧・ロシアでは独自の展開を遂げた(6)。それ以前に、新興独立国家では新たな国民史《ナショナル・ヒストリー》の創出自体が急務であった。そこでは、新興の国民／民族国家を遠い過去の政治体の後継として直線的に扱う歴史像が盛んに創造された。だが、これらはそれほど容易だったはずがない。国・地域毎に様相は異なるが、新体制構築にあたって諸政治勢力・集団間で過去と記憶の争奪戦が繰り広げられたし、新興の支配的記憶と対抗的記憶のせめぎあいも散見された。統一ドイツ東部の「オスタルギー」(旧東ドイツへの郷愁)はその一変種だろうが、バルト諸国やウクライナのロシア語話者問題のように、各国内の民族間・地域間対立へと転置された事例もあった。さらに、中東欧・旧ソ連諸国家間の記憶紛争は、EU・NATOの東方拡大を経て、欧州国際機関も巻き込んで激化の一途をたどった。ウクライナに戦争を仕掛けた際のプーチン大統領の妄想的歴史像が取り沙汰されてきたが、それに先んじて、安全保障上の利害とも関わって相互促進的に諍いが進んでいたことに留意が必要である。[7]

だが、中東欧・旧ソ連諸国の「記憶の政治」はこの地域固有の例外事象だったわけではないし、そのように考えると二〇世紀末以降の世界規模の変動の構図を見誤る。実際のところこれらは、南欧、中南米、東南アジア、東アジア、そしてアフリカと、世界規模で進んだ脱植民地化と民主化を背景に、旧体制による犯罪と折り合いをつけるためになされた集合的記憶の再編成と軌を一にしたものであった。それぞれの経路依存性により様相には多大の幅が見られ、スペインのように、諸勢力間の妥協に基づく「忘却の政治」で傷を塞ぐのにいったん成功しながら、フランコの遺骸改葬を契機に再度、傷が開いた事例もある。他方、ポストコロニアル諸国による植民地責任の追及は、旧植民地宗主国の記憶政治をおおいに揺るがせた。今世紀のとば口あたりから目立つようになった奴隷貿易や植民地支配への「謝罪の政治」、合衆国のBLM運動に触発されてヨーロッパでも頻発した銅像破壊による記憶の場の再編などが想起されよう。上記の歴史科学協議会大会で報告した二週間後には、オランダ首相が奴隷貿易について公式謝罪を行った。[8] 文脈を異にするが、インドネシアでも九・三〇虐殺事件の見直しが進んだようだ。[9]

グローバル化のもとでのナショナリズムの再興も「記憶の政治」を活性化させる条件である。『思想』誌第一一七四号（二〇二二年二月号）の「特集・ポピュリズム時代の歴史学」では、ブレグジットを目指すイギリスで大英帝国の記憶が盛んに召喚され、他方、右翼ポピュリスト政党「ドイツのための選択肢」がドイツ帝国の記憶の再動員に懸命であったことが紹介されていた。モディ首相率いるインドのヒンドゥー右翼により乱暴に進められた「歴史」の書き直しも、この特集で紹介された貴重な事例だ。先進国と旧植民地諸国の別なく、ポピュリズム的なナショナリズムの再活性化とともに過去をめぐる政治的紛争が激化したことがわかる。

最後に、世界規模で「記憶の政治」を激化させた最重要の要因としてホロコーストの記憶があることは、贅言を要しない。筆者は日本の研究動向に十分通じているわけではないが、ナチ犯罪がドイツ史の文脈に大きく傾斜して論じられ、グローバルな記憶政治の材料として扱われる際の構図の理解に広がりを欠くとの印象がある。(10) この点は後述したい。

「記憶」の攻勢と歴史学の再審

「記憶」が政治的に構築され操作されて紛争化する過程には、歴史学にとって座視しえぬ難題が伏在している。謝罪であれ免罪であれ、あるいは自己愛的アイデンティティの涵養であれ、政治的意図により過去を操ろうとする国家に歴史学者はどのような態度をとれるのか、このことが問われるからである。かつて学界を席巻した国民国家批判やグローバル・ヒストリーの掛け声にもかかわらず、国民国家体制がよろめきながらも維持されている以上、歴史教育ひとつとっても国民史《ナショナル・ヒストリー》の枠組みを放擲できぬ現実もある。国家の軛を逃れた自由を夢想するのは勝手だが、実際は無理筋だし無責任でもある。だからこそ政治・外交的に設定された二国間歴史対話の場面には歴史学者が動員され、自国史教科書執筆を歴史学者以外に丸投げできるはずもない。イム・ジヒョン（林志弦）がやや乱暴に語るとおり、歴史学者は、その意思とは無関係にメモリー・アクティヴィストの役割を逃れ難い[11]。

国家と歴史学との難しい関係を扱うために案出されたのが「国家の後ろ盾を得た歴史（state-sponsored history）」[12]という認識枠組みである。第一印象では、御用学者による国益追従のエセ歴史学とも見紛うが、言われているのはそのようなことではない。この概念を提唱したベルギーの歴史家ベルベル・ベヴェルナジェによれば、国家にはヤヌスの顔がある。好もうと好まざると歴史学は国家の後ろ盾を免れない。国策的意図により歴史学の成果が否定されたり、そもそも学問の自由が認められぬ場合も多いが、他方、学問の自由を法定しこれを保障する責務を負うのも国家である。剝き出しの欲望の体系としての市場の荒波から国家が守ってくれる場合もある。悪ふざけして敷衍すると、市場原理任せだと絶滅危惧種の歴史家が辛うじて生業として存続できているのは、大学で雇用を提供してくれる国家のおかげというわけだ。そうだとしたら、国家と歴史との関係は、「学問の自由」一本槍の政治化されやすいスローガンの次元を超えた、慎重な検討を要することになる。

ベヴェルナジェらは歴史学に作用する国家機能を大きく四つ析出している。一つ目は立法者としての役割。記憶法が最たるものだが、過去の出来事に関する特定の見方を刑法犯罪化する立法は、集合的記憶にとどまらず歴史学研究にも多大の影響を及ぼすだろう。二つ目は、資金提供者。大学の歴史学講座や歴史博物館の設置と存続の条件を考えれば、実にわかりやすい。三つ目はややわかりにくいが、（ブルデュー的意味での）「象徴資本」の「任命者《ノミネーター》」ないし「聖別」する機能。これには、誕生・結婚・死亡登録から職務宣誓や学位授与に至る幅があるという。大統領や首相による体制犯罪への謝罪が意味を持ちうるのは、この権能に由来するという。最後に、正義を語って社会的紛争に対処する仲裁者の役割。宗教権力、地方支配者、伝統的指導者らの権能を国家が回収して司法権を独占したことにより、国家はこの力を確保したという。さらにこの延長線上で、民主主義的な福祉国家に埋め込まれた「承認の政治」が人々の過去のトラウマを癒す国家役割を前景化させ、「治療としての歴史」へとつながった。過去における正義の回復が、国家による正統性調達の不可欠の条件となったというわけである。(13) かかる国家と歴史との根深い緊張関係への理解を前提にベヴェルナジェらは、「和解のための歴史学」「平和のための歴史学」といったプロジェクトに対して、認識論レベルに立ち返った批判的で挑発的な再審を進めている。ベヴェルナジェ自身、ベルギー国家による植民地責任問題の検討に深く関与していることに注意を促しておきたい。

いまひとつ、「記憶」による攻勢のもとで歴史学の再審をはかる方略上有益なのが、エストニアの中世史研究者マレク・タムらが提唱する「記憶史（mnemohistory）」ないし「出来事の後生（afterlife of events）」の構想である。(14)

記憶史は、過去の事実性（factuality）には過去の現前性（actuality）ほどは関心を寄せない。たんにそれ自体のための過去ではなく、後へのインパクトと受容、その「後生《アフターライフ》」に関心を寄せている。

記憶史の観点からすると、歴史研究の主たる問題は過去の出来事の本来の意味ではなく、むしろこれらの出来事がいかにして特定の審級に登場して時代を超えて伝えられるのかということ、それらの日常的なアクチュアル化と伝播普及、時間の中での持続性とそれらの幻影風とはいわずとも社会的なエネルギーである。[15]

このように述べることによってタムは、歴史研究の課題を、「実際、何が起こったのか」というランケ的発問を超えて、「過去を解釈する特定の仕方が、後世のコミュニティが自己をどのように構築し維持することを可能にするのか、という問い」へと進めている。もとよりタムはランケ的問いが無効化したと言っているわけではない。一歩先に進んで、現実世界の構築のされ方との関係にまで射程を伸ばすことを歴史学者に求めているのである。

「歴史」の構築性と文脈依存性——ウクライナ史の場合

次に、以上の議論を踏まえて、国家との関係での「歴史」の構築性と文脈依存性について具体的に考えてみたい。素材のひとつは、二〇二二年二月以降にわかに関心の向けられたウクライナ史。いまひとつは、「ジェノサイド」概念とホロコースト言説についてである。

第3章で詳論することからここでの叙述は粗略にとどめるが、「ウクライナ史とはなにか?」という厄介な問題がある。たとえば、新興ウクライナ国家が自前の国民史創出に躍起だった一九九五年、アメリカのウクライナ史家マーク・フォン・ハーゲンは「ウクライナに歴史はあるのか?」[16]という挑発的な問いを発した。発問者による冒頭の回答は、あるウクライナ人歴史家の発言を引いて、「もしもウクライナに未来があるのなら、その時はウクライナは歴史を持つことになろう」という意味深長なものだったが、この時も応答したウィーンのロシア帝国史家アンドレアス・カペラーは二〇年後、問題はいまも未解決だと指摘した。曰く、

ウクライナ史とみなされるべきものは何か。ウクライナ民族とウクライナ民族国家を作ろうとする企てに焦点化したウクライナ人のナショナルな語りによってのみ代表されるものなのか。それとも、古代から現在にいたるまで多民族からなる住民を抱えたウクライナの領域を扱ったものなのか。他民族の語りはロシア、ポーランド、ユダヤ、ソヴィエトの歴史に属し、ウクライナ史には属さないのか。それとも多様なウクライナ史があるのか。あるいは、もっとも急進的に、ウクライナ史は時代遅れなのか。ヨーロッパ統一とグローバル化の時代には、ヨーロッパ史やグローバル・ヒストリーによって代替されるべきものなのか。(17)

カペラーの示した問題群は、原初主義的民族観・国家観を批判し、近代国家形成と国民史との抜き差しならぬ関係を自覚的に問い直してきた現代歴史学にとって常識的である。同時に、新興ウクライナにおいて、ソ連史学由来で独立後も残存する集合的記憶（東部・南部で有力）と、一九世紀末以降に創造された民族主義的歴史とが衝突し、ウクライナ国内の地域的・言語的分断を強化し紛争を招いてきた深刻な事態を直視したものでもある。後者の像が、北米の亡命歴史家によって継受・発展させら

れ、これがソ連末期に還流して、特にウクライナ西部の民族主義的政治勢力の主導する記憶政治に利用されたことも、専門家には常識に属するだろう。ウクライナ史を民族主義者の観点で捉えるのか、アナクロニズムを排し境界線の度重なる変動を視野に入れながら、いまは「ウクライナ」と呼ばれる領域に暮らした多様な人々の歴史と捉えるのか、が問われている。

しかるに、二〇二二年、「西側」世界や日本で突如流布されたウクライナ史像では、ロシア・ウクライナ・ベラルーシ共通の始祖であったはずのキエフ＝ルーシをもっぱらウクライナ国家の起源のように語り、その後の「モンゴル支配のためにアジア的性格を深めた専制的ロシア」と、「西方教会の影響を受けて自由と民主主義を尊ぶヨーロッパ文明に属するウクライナ」との差異を本質化する、原初主義的でオリエンタリズムの気配さえ湛えた言説が有力である（この理屈だと、ベラルーシもウクライナ同様に振る舞うべきだろうに、そのことを問う反省的思考は欠如している）。そこには、周辺大国の抑圧に抗して古来の民族性を一貫して守り抜いたウクライナ人という、バルト諸国とも共通する建国神話の基調音が鳴り響いている。一世紀半も前の「民族覚醒」さながらのこの種の議論は、一方で、合衆国のバイデン大統領（当時）が唱えた「権威主義 対 民主主義」という二項図式と共振し、他方で、自己合理化のためにプーチン大統領が設定した拙劣な土俵にまんまと乗せられて、道理なき不法な戦争を宿命的な民族対立の図式に落とし込んで理解させる機能を果たしている。つい最近まで有力だった構築主義的社会科学や歴史学による国民国家批判などどこ吹く風の粗雑な叙述が氾濫し、アメリカを盟主とする陣営内の集合的記憶になっていったというわけだ。

問題は、原初主義的で民族主義的な歴史叙述を批判し相対化するウクライナ人歴史家も少なくからずいるとはいえ、民族主義派の政権が推進する記憶政治への迎合が多く見られた点にある。荒っぽい政権交代のたびに支配的言説が入れ替わるため、乏しい紙幅で詳しい事情の説明は困難だが、争点は、キエフ＝ルーシからの系譜に加えて、近世コサック「国家」とモスクワ国家の関係、革命・内戦期の「人民共和国」の位置づけ、スターリンの強制的農業集団化と大飢餓《ホロドモール》、独ソ戦期のウクライナ民族主義者組織とステパン・バンデラの扱い、ホロコーストとその慰霊、と多岐に及ぶ。いち早く一九九〇年代後半に松里公孝は、ウクライナにおけるキエフ＝ルーシの系譜学の変転について「権力の都合にあわせて、支配学説が交替しただけである。しかもそれは、研究者の間で何の抵抗も呼び起こさない」と喝破した(18)。この傾向は、ユーシチェンコ政権（二〇〇五〜一〇年）の民族主義的記憶政治により加速し、ユーロマイダン政変後のポロシェンコ政権時代（二〇一四〜一九年）の「脱共産主義化法」と呼ばれる一連の立法で頂点に至った。「記憶史」の観点に立つならば、個々の争点の事実性の吟味にもまして、中世にまで遡って過去の諸事件が党派的な記憶政治に利用され、歴史学自体がそれに左右されるあり様への洞察が重要、ということになろう。歴史家は、つねにそれほど自律的で「高潔」なわけではない。

「歴史」の構築性と文脈依存性――「ジェノサイド」とホロコースト言説

昨今、中国によるウイグル人への人権侵害やロシアとウクライナとの対立を背景にして「ジェノサイド」の語がメディアに頻出するようになり、ウクライナ戦争開戦後は、政治的クリシェとしての露出がさらに進んだ。だが、ナチ・ドイツのユダヤ人迫害を告発するために大戦期に彫琢された国際法上のこの概念は、[19]ポスト冷戦期の記憶政治や介入主義的政策による濫用の結果、歴史学上の使用にとって慎重さを要するものに成り果てている。国際法上の使い勝手の悪さにもかかわらず、国家による非道や残虐行為を告発する際にこの語の有する訴求力には圧倒的なものがあるから、犠牲者性《ヴィクティムフッド》をナショナリズムの中核に据えた国家や集団は、自分たちへの迫害が「ジェノサイド」であることに国際的承認を取りつけようと躍起である。一九八〇年代以降、ホロドモールの「ジェノサイド」認定を求めて北米のウクライナ・ディアスポラと本国内の民族主義者の展開した記憶政治は、その好事例だ。

だが、第4章でも論じるとおり、何をもってジェノサイドに認定するのかが国際政治上の対立の種となって緊張をもたらしてきた（たとえばオスマン帝国によるアルメニア人虐殺をめぐるトルコとEU諸国の対立）。学術的議論でも、論者が国家意思に引きずられるばかりか、国策遂行への寄与を積極的に志向する事例も散見された。対立する国家への批判や攻撃の口実として「ジェノサイド」を持ち出すアメリカ合衆国のような例もある。他方、一部で厳しい批判が見られるとはいえ、[20]民主主義国家による残虐行為はありえぬという根拠の乏しい仮説ゆえに、アメリカ合衆国などによる人権侵害や大量殺害が公式に「ジェノサイド」認定されることはまずない。旧ユーゴとルワンダの大量殺戮と民族浄化が問題になるまで「ジェノサイド」が忘却ないし看過されていたことを考慮するならば、この二重基準は植民地主義の残滓や冷戦の論理に深く根ざしたもののように思える。「過去の克服」の優等生ドイツが、一〇〇年前のナミビアにおける虐殺をジェノサイドと認めて謝罪したのは二〇二一年のことだし（この問題は第7章でさらに検討する）、ジェノサイド・スタディーズの主流は、ヴェトナムにおけるアメリカの戦争犯罪を「ジェノサイド」として有罪宣告した民間のラッセル法廷（裁判長はジャン＝ポール・サルトル）を黙殺し、その忘却はいまも続いている。[21] 近年になって植民地責任が問い直され、第7章で扱う「歴史家論争2.0」などでもその点が鋭く問われたことから多少の修正が進んでいるとはいえ、「ジェノサイド」概念にまとわりつくこの種の歪みや忘却の文脈と意味について、真剣な反省は一部を除いてあまり進んでいない。このように「ジェノサイド」の語に国際政治上の思惑がこびりついている以上、過去の残虐行為を論ずるのにいかなる範疇がより適切なのか、この語に付与された記憶政治上の含意と文脈に留意した批判的吟味が不可欠だろう。ある出来事がジェノサイドかどうかの判定以前に、いかなる意図や思惑のもとで「ジェノサイド」と呼ばれるのかがより重要だ。

「ジェノサイド」の前提としてグローバル規範の根幹に位置づくホロコーストの扱いにも似た問題がある。われわれは、ホロコーストの責任追及が一九六八年の学生反乱とともにドイツで本格的に始動し、「過去の克服」や「記憶文化」と呼ばれる反省的な規範的文化の確立に寄与したことを熟知している。その経験が世界にもたらした有意義な貢献は否定すべくもない。だが、「記憶史」的観点から考えるとき、この文脈にのみ寄り添って一般化をはかるのが妥当かどうかは別問題である。再度、合衆国の記憶政治に目を向けぬわけにはいかない。

ホロコーストが国際的関心を集める端緒にメリル・ストリープ主演の米国のテレビドラマ「ホロコースト」（一九七八年）があったことには衆目の一致がある。だが、これに先立って一九七七年にロサンゼルスでサイモン・ヴィーゼンタール・センターが設立され、七九年には米国司法省にナチ犯罪特捜部が設置された。それまで「ナチスの楽園」[22]でぬくぬくと暮らしてきた元ナチスへの追及が始まったのである。ここからは、ヴェトナム戦争後の合衆国の記憶政治や記憶文化でホロコーストが一挙に前景化したことがわかる。冷戦終結後の九〇年代にはホロコーストへの関心がブーム化し、「ホロコーストのアメリカ化」と呼ばれる場合もあるようだ。[23]第6章に登場するナチ・ハンターの行動が示すとおり、これはその後のグローバル展開の条件でもあった。関心の高まりとともにアメリカのユダヤ人コミュニティの内外では、ホロコースト記憶の扱いをめぐる熾烈な論争と対立も繰り広げられた。そうであれば、現在まで不断に生産され続けるホロコースト言説の意義は、ドイツ史やヨーロッパの記憶政治の文脈に加えて、合衆国（とイスラエル）を軸とした広域的な記憶政治の枠組みも想定して考えねばならない。そのうえ、プーチン政権下のロシアでは、ベラルーシやウクライナと接するブリャンスク州を皮切りにホロコースト犠牲者記念碑の建立が相次ぎ、モスクワではユダヤ博物館・寛容センターが開設（二〇一二年）されたが、これらは明らかにアメリカとイスラエルを意識した判断であった。ユダヤ人の犠牲をことさらに取り出さず、あくまでファシズム犯罪総体として把握するソ連以来の態度の大幅修正がなされたわけだが、その政治的含意はいまだ十分に考察されていない。だが、ホロコースト記憶を操る主たる政治的アクターとしての合衆国抜きには了解困難だろう。

ホロコースト記憶のグローバル展開は、植民地支配や大量虐殺・強制移住・強制収容などの体制犯罪の被害者となった人々に、みずからの犠牲者性を広く提示して正義の回復を求めるきっかけを与え、尊厳を取り戻すための言葉を紡ぐ機会を提供した。このことには計り知れぬほど大切な意味がある。他方、ホロコーストの唯一無二性を譲らず、相対化どころか他の出来事との比較可能性さえ認めぬ頑なな態度が「西側」の記憶政治と記憶文化には堅固に埋め込まれてきた。これには、一九八〇年代中頃のドイツ歴史家論争時の道徳的に気高い意図にもかかわらず、ユダヤ人犠牲者の不当な特権化をもたらすものとの疑念が向けられ、激しい論争も続いてきた。旧体制の犯罪の告発に勤しむ中東欧諸国の記憶政治との間では、深刻な軋みも生じた。体制犯罪の犠牲者を標榜する集団間の醜悪な競争をかき立てて、新たな紛争の火種となったとの指摘もある。ホロコーストをめぐる「歴史修正主義」の克服はもちろん大事だが、「唯一無二の絶対悪としてのホロコースト」一本槍では解きえぬ次元の問題が多くある。

ホロコースト記憶の特権化がもっとも深刻な影を落としたのが、パレスチナ問題である。かつて板垣雄三は、西洋史学研究者を前にして「ホロコーストの「記憶」はパレスチナ人のナクバ（大破局）を隠す装置と化した」[24]と喝破し、ホロコーストの特権化に無頓着な西洋史学研究者の責任を問うたことがある。日本の西洋史学界がこの糾問に適切に応答できたのかどうか実に心許ないが、それ以上に現実は深刻だ。ホロコーストを錦の御旗としたイスラエルの記憶政治は、パレスチナ人の帰還権を否定し、民族浄化としてのナクバの記憶を公共空間から締め出し、ユダヤ人入植地拡大の後ろ盾となったからである。ホロコーストとナクバの記憶の共存は許されず、ユダヤ人によるパレスチナへの浸食は止まることもない。そこに生来した憎悪は、両陣営間でとめどなき暴力の連鎖をもたらした。正義感を原動力に精緻なホロコースト研究を進める歴史家が、この事態に無関心でいてよいものなのだろうか。

国際的には新たな胎動があるようだ。イラン・パペらイスラエル国家に批判的なユダヤ人歴史家によるナクバ研究は、幸いにも日本でも中東・イスラエル研究者の手で紹介されてきたが、さらにここ数年、先年邦訳の出された『ホロコーストとナクバ』をはじめとして、ふたつの記憶の共存（和解ではない）の可能性を探る研究が登場したのである。[25] あまり知られていないことだが、二〇一〇年代初頭までイスラエルのユダヤ人とパレスチナ人の歴史家の間には、第一次世界大戦以降の共有された過去を扱う「パラレル・ヒストリー」の試みもあった。[26] 筆者には、この動向をつぶさに観察して論評する余裕も力量も備わっていないが、ホロコーストをあれほど熱く論じてきた日本の西洋史学界などにはそれを行う責務がある。ホロコーストとナクバを接続することで、自身の研究が無自覚のうちに埋め込まれている、諸国家・集団による複雑に入り組んだ記憶政治の磁場を対自化させる契機も得られるはずだ。そしてそれは、政治的な記憶操作と歴史学との間の込み入った関係を反省するきっかけにもなるだろう。こうして初めて、初発段階で設定された閉じた枠組みのもとでの限定された事実性の追究を超えた、より包括的な「現前する過去」への理解を期待できるだろう。

ホロコーストとジェノサイドの事例から明らかになることは、個々の歴史家が選びとる対象とそれを扱う際の概念装置の両方が、世界規模で展開する記憶政治の網の目にがんじがらめに捕縛されているということである。研究対象と方法の埋め込まれた政治的な初期条件に無自覚なままに精緻な研究にひたすら沈潜した場合、意図せずして、政治的に設定された支配的言説を強化する役割を充てがわれるおそれのあることもわかる。ポスト冷戦時代とは、集合的記憶の再編成が政治的アジェンダとして前景化し、過去の正義をめぐる争奪戦が諸国家や諸集団間で熾烈に闘われた時代であったが、そのような記憶政治の強力な磁場のなかに歴史家自身が身を置いているということ、このことへの鋭敏な感覚を育むことが何より肝要である。それには、みずからの専門の外では何が問題になっているのかを知るのが一番だ。異なる対象と論理を知り、相互のズレや軋轢・衝突を踏まえながら、一見関係なさそうなものの間の接続をはかること、そこから話は始まるはずだ。

第2章　ロシア・ウクライナ戦争とプーチンの記憶政治

――記憶の戦争から軍事侵攻への飛躍――

はじめに

二〇二二年二月二四日、ロシア連邦のウラジーミル・プーチン大統領はウクライナへの軍事的「特殊作戦」（日本では特別軍事作戦と呼ばれるが、ロシアでは「（ウクライナにおける）スペツオペラーツィヤ」の語が頻用されてきたことからこう記す）に打って出た。「ドンバスで発生している悲劇的出来事とロシア自体の安全保障上枢要な問題」(1)が、作戦開始を告げる演説の冒頭で示された動機であった。早朝に陸海空からほぼ同時に仕掛けられたウクライナ各地への攻撃は、一九三九年九月一日に隣国ポーランドを襲った出来事の記憶を呼び戻すものだった。同日未明、飛地の東プロイセンを含むドイツ各地と傀儡《かいらい》国スロヴァキアから、陸海空各兵種の部隊がポーランド各地を攻撃したのである。この時、ヒトラーは、係争地域で親衛隊を使った小細工により侵攻を合理化した。プーチンをヒトラーに擬《なぞら》えて悪魔化する「西側」の風潮を想定するとき、この種の類比から第三次世界大戦の悪夢が脳裏をよぎるのも無理からぬことであろう。

この間の推移を見ると悪夢が正夢に転ずる可能性は低そうで、ウクライナの人々の塗炭の苦渋と引き換えに、終末論的未来はなんとか食い止められるのかもしれない。今後の展開は確言できないが、本章の元原稿執筆時点（二〇二二年三月後半）では、NATOはウクライナの執拗で時には威嚇的な要求を退けて、域内への波及による世界戦争化の阻止に懸命だった。だが、かつて火の粉が降りかかることを嫌った英仏が、対独宣戦布告後も実際の軍事行動には及び腰で、数カ月もの「奇妙な戦争」をもたらした故事を想起する悲観的な向きもあったかもしれない。その後、開戦から数年を隔てた時点でも事態は予断を許さないし、合理的選択と絶縁した暴君の行動を楽観する理由などどこにもない(2)。

とはいえ筆者は、現在ウクライナで起こっている事態を理解するにあたって、あるいはより一般的な意味でも、過去とのアナロジーで未来を推しはかることには否定的だし、いわんや過去に現在の紛争の直接の原因を求めることはできないと考えている。遠近さまざまの過去との安易な類推は、たとえばプーチンをヒトラーに擬えて巨悪を同定できたことに安堵し、現実の複雑さをそれ自体として把握し説明する努力を回避する、ポピュリスト的な思考のエコノミーに起因する。また、安直に過去に原因を求めることは、粗雑な決定論や宿命論に道を開き、未来の可能性を探求する努力への冷笑につながる。現在の紛争の原因は、現代世界の構図とそこに抱え込まれた矛盾と対立それ自体に求められるべきものである。そして、プーチンの「特殊作戦」は、現行の国際秩序を規律する国際法に明確に違反する戦争犯罪として、一九九一年末に国際的に承認されたウクライナの独立を損ない、しぶしぶとはいえロシアも同意して確定された国境と領土を一方的に変更し、いわれなく民間人を殺傷する非人道的な暴力的行為として断罪されねばならない。古来の因縁を持ち出して戦争を合理化することも、遠い過去の記憶に遡ってもっぱらそれを根拠に不当性を声高に叫ぶことも、ともに退けられなければならない。取り組むべき課題は、ポスト冷戦の三〇年間にロシアとウクライナとヨーロッパ、さらに世界各地で生じたさまざまの緊張と紛争を通じて編み出された対立の構図の解明にある。(3)

だが、この戦争は過去の記憶と無縁に勃発したものではけっしてない。むしろ、過去こそがこの戦争を理解する鍵だという見方も有力である。実際、開戦に先立ってプーチン大統領が、ロシア人とウクライナ人の歴史的一体性を主張して戦争を正当化する地ならしをしたことが各所で指摘されている。他方、ウクライナやこれを応援する人々の間からは、中世まで遡ってロシアとウクライナの来歴を追い、両者の原初的な差異を本質化して、ウクライナの主権と領土の正統性を擁護する議論が聞こえてくる。筆者は、過去は現在の紛争の「原因」となりえぬことを主張するが、同時に、過去は、現在の対立や紛争の生起する条件であるばかりか、むしろ主戦場のひとつと化しており、しばしば現在の紛争の火種に燃料を備給するための資源として機能させられていることを強調したい。「現在は過去によって「付きまとわれ」ており、過去は現在によってモデルとされ、発明され、再発明され、再構築される」(4)のである。「アフター・リベラル」の時代の国家間紛争や国内の政治的対立の図式は、しばしば過去の扱いを軸に編制され脚色されている。(5)遠い過去の因縁が必然的・運命的に戦争をもたらすはずはないが、現前する利害関係や危機の構図が、過去の記憶を融通無碍《ゆうずうむげ》に呼び戻して造形し直し、敵対的感情を亢進させるのである。ロシアによるウクライナへの侵攻は、まさにそのような大道具・小道具を取り揃えて演出されたものと考えるのが適切である。

筆者はこの二〇年ほど、「記憶の政治」という観点に立って、旧ソ連から独立したバルト諸国、ロシア連邦、中東欧諸国、さらにEU等の欧州国際機関を舞台に相対立する歴史像や過去の記憶が政治的に動員されて、相互にせめぎあいながら国際秩序を揺さぶり、これら地域の緊張を不可逆的に高める様子を観察してきた。さらに、世界規模で過去の取り扱いが政治化させられる状況を、ポピュリズム時代の歴史学にとって深刻な挑戦と捉える国際共同研究にも取り組んできた。[6] そうした成果を踏まえて本章では、ロシアとウクライナを含む中東欧諸国の「記憶の政治」の展開過程とその帰結をおさらいし、この観点から導かれる今回の戦争の政治的意味について検討することとしたい。

プーチン政権と「記憶の政治」

開戦に先立ってプーチン大統領が帝国的野心の妄執に取り憑かれていたとの指摘が各所から聞こえてくる。本人が執筆したとされる「ロシア人とウクライナ人の歴史的一体性について」なる「論文」が、二〇二一年七月一二日に大統領府ウェブサイトに掲載されたことも周知のとおりだ。[7] 実際のところその内容は、早くも発表翌日に両国の歴史家から史実について「小学生並みの間違い」[8] が指摘され、論理構造の欠如や端々に織り込まれた激しい感情的表現と口汚い修辞も相まって、およそ「論文」と呼ぶのが躊躇《ためら》われるほどである。他方で、この「論文」は一片の事実も含まぬわけではなく、個別の叙述には学術的に真剣に検討すべき争点も含まれている。それゆえ、虚実取り混ぜて編み上げられた異様な図柄は、プーチン大統領の抱え込んだサイケデリアの心象風景を知るうえで貴重な資料である。重要なのは、歴史的一体性なる表向きの宣言以上に、「実際のところロシアは強奪されたのだ」という言葉とともに吐露された、ロシア帝国とソ連帝国という二重の帝国解体による国土と住民と栄光の喪失や犠牲への悲憤慷慨《ひふんこうがい》であり、「西」とウクライナの合作による陰謀論的な「反《アンチ》ロシア」プロジェクトへの強迫的なまでの警戒心である。独裁的な権力者による歪んだ歴史像の提示にとどまらず、むしろトラウマ的な恐怖心に由来する威嚇的な衝動をそこに読み取るのはたやすい。プーチン大統領の描く歴史像の誤りを逐一指摘して正すのは徒労だが、強迫的観念と一体的な倒錯的歴史像が形成されて政策の根幹に滑り込まされ、エコー・チェンバー的に歪められて増幅を遂げた様子を知ることは、現状理解にとって有益である。以下、筆者の旧稿や、プーチン政権の歴史政策にもっとも手厳しい批判を加えた歴史家ニコライ・コーポソフらの研究に拠って駆け足で確認したい(9)。

　プーチン政権（メドヴェージェフとのタンデム期も含む）の展開する歴史政治において「大祖国戦争」史観、つまり日独両ファシスト国家との戦争におけるソ連の勝者と解放者としての栄光を誇示し、戦時下の多大の犠牲を耐え抜いたソヴィエト市民を讃える歴史像が枢要の位置を占めていることは論を俟《ま》たない。プーチンの創作というよりむしろブレジネフ期に端を発したこの史観は、ペレストロイカ期の歴史の見直しとソ連解体後の混乱のなかで後景化したものの、プーチンの大統領就任に際して呼び戻され、特に二〇〇四年の再選で権力基盤が強化されると、経済復興と手を携えて強固に醸成された大国意識（コーポソフは「ネオ・インペリアルな野心」と呼ぶ）の核心部に躍り出た。そのことを象徴する出来事が二〇〇五年五月九日の戦勝六〇周年記念式典であった。プーチンは、アメリカのブッシュ（子）大統領ら居並ぶ各国首脳を前に、「皆さんとともに偉大なる勝利の記念日をお祝いいたします。平和と正義の勝利を、悪に対する善の勝利の日を、圧政に対する自由の勝利の日を」と宣言したうえで、大戦と戦後世界におけるソ連／ロシアの犠牲と勲功を最大限に誇ったのである。「テロとの戦争」というスキャンダラスな文脈を共有したからではあるが、「西」とも協調して過去の栄光を賛美することが可能な、いまだ幸せな時代だったと言えなくもない。

だが、この歴史観は、後述する「記憶の戦争」や、ロシアの悲痛なほどの反対を顧みずに強行されたNATO東方拡大による安全保障上の懸念の高まり（ポーランドへのミサイル配備計画を想起しよう）に触発されて攻撃的性格を強め、そのための国策的措置も相次いだ。毎年五月九日（五月八日ではない）に国内各都市と近隣諸国で行われる戦勝記念式典及び軍事パレードのプロパガンダ、「ロシアの国益を損なう歴史歪曲の試みに対抗するロシア連邦大統領委員会」の設置、その実質的な後継機関としてのロシア歴史協会の発足、歴史記憶に関わる特定の発言を刑法犯罪化する「記憶法」の制定と実際の逮捕や訴追、近隣諸国との二国間対話のための歴史家委員会の国策的活用と相手国への圧迫、スターリンの抑圧の記憶を記録する団体「メモリアル」への嫌がらせや弾圧、等々の施策が、愛国主義を鼓舞し強化する多種多様な文化政策や言語政策と一体的に強固に進められた。(10) ソ連期以来の「ナチ」「ファシスト」などの攻撃的言辞が、「ジェノサイド」概念の濫用とともに言説空間を支配し、第二次世界大戦における最大の犠牲者数という事実に裏打ちされた居丈高な言葉が一般化した。もちろん、国策に同調しない歴史家には嫌がらせや抑圧が加えられ、なかば政治亡命状態に追い込まれた例もある。開戦直後には一部で見られた反戦運動と裏腹に、政権への高い支持率が維持されてきた背後にはこれら一連の施策や動向があり、人々の心情と共鳴していることを軽視すべきではない。ウクライナへの侵略を「ファシストとの戦争」と信じて疑わぬ多くの人々がいる。

上記のうちロシア歴史協会[11]に簡単に触れるならば、これはいわゆる学会ではない。二〇一二年の発足以来、議長の座に君臨するのはプーチン大統領の懐刀の一人で対外情報庁長官のセルゲイ・ナルィシキン。開戦直前に、ドネック・ルガンスク両人民共和国承認の是非について詰問口調で判断を迫られ、思わず口籠る動画を世界中に配信された人物である。彼は折に触れて自身の歴史観を開陳し、実はきわめて能弁だ。彼のもとで国際関係大学学長、元科学アカデミー世界史研究所所長、シベリアの考古学者らが共同議長を務め（のちに科学・高等教育省次官も共同議長に加わった）、評議員は官僚・学者・ジャーナリストの混成。どうみても、「記憶の政治」のための官学一体の翼賛組織というべきだろう[12]。実際、同協会は大祖国戦争史観にとどまらずロシアの過去の栄光を古代に遡って広く国内外に流布する活動を展開し、全国各地の支部は官製史観に基づく大衆的研究・啓発運動の拠点となっている。発足直後には、アメリカによる原爆投下の犯罪性を糾弾するキャンペーンを行い、来日したナルィシキン（当時は下院議長）が、被爆直後に広島・長崎でソ連大使館の行った現地調査の報告書のコピーを日本の外務省に手交した。「編入」直後のクリミアにもいち早く支部が設けられ、そのことが協会の性格を端的に示しているが、プーチン「論文」はこうした国策的な歴史記憶構築の成果の上に書かれている。日本で書かれた研究のなかには同協会の政治性を曖昧にしたミスリーディングなものも見られるが、同協会が侵攻開始数日後に発出した「声明」は、その正体を遺漏なく示している。「ウクライナの脱軍事化と脱ナチ化に関する特殊作戦開始の決定は、責任ある、遺憾ながら対案のない一歩である」との一文で始まり、全編にわたってプーチン「論文」と平仄《ひょうそく》を合わせた記述が重ねられるのである。数千人のアカデミー会員・准会員・学者・科学ジャーナリストが職を賭すほどの決意で署名した反戦の公開書簡とは対極的だ。[13] この公開書簡は、「われわれは、ウクライナ国家の主権と領土の全一性の尊重を要求する。われわれは、わが国のための平和を要求する。戦争ではなく、学問に携わることにしよう」と呼びかけたのであった。

「記憶の戦争」

プーチンの抱く強迫的で倒錯的な歴史像とそのもとで推進された「記憶の政治」は、内発的で自国内に閉じたものではない。むしろそれは、旧東欧・ソ連諸国で先行して展開された「記憶の政治」への対抗を通じてエスカレートしたものであり、相互に助長しあう両者間の対立の激しさゆえに、「記憶の戦争」と呼ばれる場合もあったほどである。

旧東欧・ソ連諸国の「記憶の政治」には各国ごとに異なる様相があって十把一絡げには論じられないが、いくつかの共通した性格を認めることができる。

第一に、社会主義からの体制転換に伴い、学校教科書をはじめ急ごしらえで国民史の書き換えが進められ、旧体制下の権力犯罪の処理（移行期正義）とあわせて国民的な歴史記憶を司る国家機関が創設された。国民記憶院や歴史家委員会などと呼ばれるものがそれにあたる。ロシア同様、過去は国家的枠組みのもとで「再構築」され、「歴史の国有化」が図られたわけである。

第二に、欧州国際社会への復帰に際して、ポスト冷戦のヨーロッパ・コンセンサスとされたホロコースト責任の国際化への対応、すなわち忘却され隠蔽されてきた対ナチ協力やホロコースト関与へのけじめが迫られた。独ソ戦の主戦場でありホロコーストの主たる舞台であったこの地域では、武装親衛隊やナチ補助警察に加担した者も多く、ナチと無関係にユダヤ人虐殺に走った場合もあったから、これは多大の痛みと苛立ちを生む試練であった。

第三に、ソ連支配と社会主義体制の被害者としての自己意識を梃子に体制転換を達成したこれら諸国では、しぶしぶ加害を認めるのと引き換えに、ナチとソ連を等値視する全体主義論を前提に自国と自国民を二重の被害者とする典型的な「犠牲者性《ヴィクティムフッド》ナショナリズム」(14)が高まりを見せた。しかもこの見方では、より長期に及んだソ連支配がより大きな悪として観念され、それを前提にした歴史記述や記憶の創造が進められた。「ジェノサイド」概念を濫用しながら、ソ連の継承国家たるロシアへの罪責追及や賠償請求などが主張され、自国内にロシア人が多くいる場合には、国籍取得や言語使用、学校教育などの差別的処遇に走って、ヨーロッパ国際機関から人権基準違反として警告を受ける場合もあった。

当然、こうした歴史像や差別的政策がロシアとの間で軋《きし》みを呼ばぬはずはない。「ファシスト」との戦争で最大の犠牲を払って勝利をもたらしたソ連の犯罪者扱いはとうてい許容できないというわけだ。ロシアがバルト諸国やポーランドなどに「ファシスト」「SS国家」などの悪罵を投げかける例が頻発し、二国間歴史家委員会は刺々しい非難の応酬の場に転じた。同時に、中東欧・バルト諸国の主導により各種欧州国際機関の掲げる現代史像も全体主義論的なそれに書き換えられたから、NATO東方拡大による軍事的脅威とも相まって、ロシアの憎悪と敵意はいちじるしく増幅された。開戦後まもなくロシアは欧州評議会を脱退したが、この機関は、「記憶の政治」をめぐってロシアと中東欧・バルト諸国が真正面から激突する主要な舞台であった。

最後に、権威主義の度を強めていた中東欧諸国の「記憶の政治」のなかには、プーチン政権とも通底する抑圧性を呈したものがある。全体主義論に立つ点で対極的とはいえ、ロシアと双子のような「記憶法」が制定され、愛国心を煽りながらソ連と社会主義の過去に肯定的な発言やシンボルの掲出を刑法犯罪化する動きがほとんどの国で進んだ。それだけではない。ポーランドでは、自国民のホロコースト関与の告発を違法化する立法がなされて欧米の憤激を呼び、グダンスクにある第二次世界大戦博物館では、館長人事や展示への政治介入によりコスモポリタンな平和のメッセージが民族主義的な英雄史観に塗り替えられた。こうした政情の反映かどうか、第二次大戦開戦記念日の式典会場にナチ親衛隊の制服を着込んで上機嫌のポーランド人が姿を見せるという倒錯的光景が繰り広げられた[15]。過去をめぐる倒錯はプーチンだけの病弊ではない。

ウクライナの場合

旧東欧・ソ連諸国のなかでもウクライナの「記憶の政治」はもっとも複雑な様相を呈してきた。巷間流布される親欧米の西と親露の東などという単純な図式ではなく、もっと入り組んだ政治的分断線に起因する政権交代や政変が頻発し、「記憶の政治」の内実も両極間で二転三転したのである。全体像を伝える紙幅はないが、顕著な論点をいくつか確認したい。

まず、独立以来の三〇年間に通底する構図として、ソ連の歴史記憶に由来しロシアとも親和的なウクライナ版「大祖国戦争」史観と、帝政期に誕生して北米ディアスポラ史学の影響も受けた民族主義的な歴史像がせめぎあい、政治的変動のたびに主流の歴史観が交代した。こうした事情を評してコーポソフは、「ウクライナは期せずして、ロシアの戦争神話と共産主義犯罪の記憶との間の主たる戦場になった(16)」と述べている。こうした状況が開戦時点で完全に克服されていたと考える根拠はない。ウクライナの現政権は「ロシアと関係のある政党」の一掃に乗り出し、戦時独裁体制の構築に踏み切ったが、このことは、いま述べた国内の分裂状況と関係があるだろう。ロシア対ウクライナという図式は、開戦当初にはまだ見られたロシア国内の反戦運動を無視するのと同様、ウクライナの多様な政治潮流と歴史像の対立を捨象した単純化にすぎない(17)。

特に、オレンジ革命後のユーシチェンコ政権やユーロマイダンで誕生した民族主義政権のもとでは、一九三〇年代前半の「大飢餓《ホロドモール》」を「ウクライナ人へのジェノサイド」とする歴史政治的キャンペーンによるソ連／ロシアへの断罪が重ねられ（その被害がホロコーストを凌駕すると主張し、国際的憤激を呼んだ例もある）、他方、ステパン・バンデラらが率いてナチとも協力し、ユダヤ人やポーランド人の虐殺に走った急進的民族主義者と武装勢力を民族独立英雄として顕彰する動きが強まった。だがスターリンの政策による飢餓の犠牲者は、実際はウクライナを超えた広域に及んでおり、これを「ジェノサイド」とするウクライナの主張は論争的主題を一面化しているとして欧米の学界でも疑義が呈されてきた。[18] また、「ポーランド人へのジェノサイド」とみなされる虐殺の犠牲となったポーランドは、ウクライナに激しい非難を浴びせて応酬が続いた。[19] 何より、対ナチ協力者である急進的民族主義者の英雄視は、プーチン政権が「ファシスト的な西、迫害される東」という東西に二分されたウクライナ像を構築し、ウクライナの「脱ナチ化」を開戦の旗印に掲げる格好の材料を提供するものだった。

第二に、ウクライナの「記憶の政治」でも、ポーランドなどと同様に国民記憶院が設置され、「歴史の国有化」路線が推進された。「記憶法」制定をめぐっては、政変／政権交代やさまざまの政治勢力の対抗による紆余曲折があったが、二〇一五年にはいわゆる「脱共産主義化法」が制定された。[20] これは、中東欧のいくつかの例とともに、第二次世界大戦の開戦責任をドイツに帰せしめる戦後コンセンサスに挑戦してソ連の責任を問う姿勢を取る一方、自国民による対ナチ協力やホロコースト責任には口をつぐんでいた。これには、ポーランドの記憶法がそうであったように、欧米の歴史家から厳しい批判の声が寄せられた。

最後に、ロシア・ウクライナ間の歴史対話について。エリツィン期以来ロシアは、ドイツ・オーストリア・ポーランド・ラトヴィア・リトアニア・日本などの諸国との間で歴史対話のための二国間歴史家委員会を設けて活動を進めたが[21]、ウクライナとも共同歴史家委員会を設け、ユーシチェンコ大統領との間でも、両国の歴史および両国間関係の「喫緊の問題を研究」する定期会合の開催が合意されていた。だが、双方の歴史家が相手国の読者を対象に自国史の概説書を書く準備を進めたなどの断片的情報は散見されるが、活動全般にわたる情報は乏しい。プーチン大統領の説く「歴史的一体性」の根拠たる中世キエフ＝ルーシ以来の歴史に始まり、現代に至るまでの両国間の係争問題がいかに議論されたのか、今のところ筆者は十分に知りえていない。わかっているのは、二〇一四年の政変を受けて完全に活動停止したこと、三年後に突然、ロシア側委員のみが執筆した『ウクライナの歴史』が刊行されたことだけである。同書のはしがきでロシア側座長は、やや遠慮がちながらウクライナによる歴史の書き換えに異を呈し、同書こそ「学術的アプローチ」に拠るウクライナ史の試みだと主張する。巻末の論考では、ウクライナは民主的で法治的な国家などではなく、そもそも国家的まとまりを有さぬ寄せ集めだと断じられ、その口吻はプーチンに等しい[22]。プーチン「論文」は、決裂した二国間対話を踏まえた「学術的」成果に依拠したものというわけである。

おわりに——「ジェノサイド」とポスト冷戦の国際秩序

以上の叙述を通じて「ジェノサイド」が頻出する。この語はウクライナへのロシアの侵攻を報じる新聞記事などでも散見され、わざわざ「大量虐殺」「集団殺害」といった訳語を当てて、ウクライナとロシア双方が相手の非人道性を非難する際の言い分を紹介するのに用いられてきた。「ウクライナがドンバスのロシア人にジェノサイド（大量虐殺）を仕掛けている」、「ロシアによる民間人への攻撃はウクライナ人へのジェノサイド（集団殺害）に他ならない」、という具合に。本章を閉じるにあたり、この概念を切り口にウクライナ侵攻に直接つながるポスト冷戦時代の国際秩序の問題について若干の試論を示してみたい。

第一に、「大量虐殺」という時折見かける訳語はミスリーディングである。そもそもジェノサイド禁止条約では、第一義的には特定集団の全体または一部の破壊を意図した殺害としながらも、強制収容や強制移住、次世代の他集団への移送なども含めて定義され、虐殺だけを想定したわけではない。近年では、条約にはない「文化的ジェノサイド」も含めて、文化的に定義される人間集団から固有文化を収奪する行為にまで拡大することが提唱されている[23]。概念の拡張はますます濫用に道を開くから筆者はこれに与するものではないが、実際のところ、ポーランドやバルト諸国がソ連による「ジェノサイド」を追及する際には、カティンの森の虐殺などの大量殺害に加えて、第二次世界大戦に前後するシベリアや中央アジアへの強制移住、さらに言語や教育における「ロシア化」も含まれた。他方、ロシアがウクライナやバルト諸国に「ジェノサイド」と悪罵を投げかける際には、たとえば「開戦」以前の二〇二一年のウクライナ軍によるドローン兵器を使ったドンバス攻撃による殺傷とあわせて、これら諸国が言語法制によりロシア語話者の母語使用を厳しく制限したことも想定されている。「大量虐殺」という訳語で残虐性ばかり印象づけ、逆に、起こってもいない被害の妄想を仄《ほの》めかすのは、実相の理解にとって有害である。長く忘却されながら、一九九〇年代にルワンダとユーゴスラヴィアを契機に呼び戻された「ジェノサイド」概念が、融通無碍に濫用されて犠牲者性ナショナリズムをかき立て、相互の憎悪を極端に増進させるしかけに光を当てることが重要である。

第二に、欧米中心のジェノサイド・スタディーズには重大な欠落があり、[24]それがウクライナ侵攻を通じてロシアが実行する重大な挑戦におおいに関わっている。ここで言う欠落とは、ヴェトナム戦争をはじめ、アメリカとその同盟国、総じて自由民主主義を奉ずる諸国が世界各地で行った戦争と政権転覆に伴う大量殺害や残虐行為がジェノサイド・スタディーズの主流ではほとんど消去され、これら諸国がジェノサイドと無縁のように扱われてきたことを指す。アメリカを例外視する学問研究上の態度は、「記憶の戦争」で愛用されるジェノサイド概念の恣意性を物語るが、同時に、ポスト冷戦期の国際政治におけるアメリカ特殊性論と通底する。この特殊性論に挑戦する強固な意思が、開戦時のプーチン演説からは読み取れる。

演説のなかで、第二次世界大戦の結果生まれた国際法体系をアメリカが蹂躙《じゅうりん》する事例はこう語られる。「まず国連安全保障理事会の一切の承認なしに、ベオグラードに対する流血の軍事作戦が遂行され、ヨーロッパのどまんなかに直接、航空機やミサイルが使われた。」「次はイラク、リビア、シリアの番だった。リビアへの正当性なき軍事力行使、リビア問題に関する国連安保理のすべての決定の歪曲が、国家の完全崩壊に行きつき、国際テロリズムの巨大な温床を生じさせ……。」これら一連の文言は、ウクライナの現実と二重写しになる。NATOのベオグラード空爆がミロシェヴィチ政権を崩壊させて同意なき一方的なコソヴォ独立に至ったのなら……、虚構の大量破壊兵器を理由としたイラク侵攻が許されたのなら……、劣化ウラン弾や非人道的兵器の使用がどこからも非難されなかったのなら……、病院や学校を空爆しても誤爆だと言い抜けられるのなら……、等々と。倒錯したプーチン大統領の心象風景には、ポスト冷戦の三〇年を回顧したこの種のアナロジーが去来していた可能性がある。彼が米誌『ナショナル・インタレスト』に寄稿した「七五年　偉大なる勝利——歴史と未来への共通の責任」なる「論文」[25]には、「第二次世界大戦終結七五周年に関する声明には、ソ連邦を除くすべての反ヒトラー連合国が名を連ねている」と書かれている。これを「卑劣」だと詰《なじ》るプーチンには、ともに偉大な戦勝国でありながら、覇権国家の専横を遺憾なく発揮する機会を得たアメリカと対照的に、帝国的地位から滑り落ちた自国の立場に劣等感を抱きつつ、ふたたび超大国への意志を貫徹するには、アメリカの力に陰りが見える今こそ好機という判断があったのだろうか。北京冬季オリンピック時の習近平主席との共同声明[26]からも同じ決意を深読みできるだろう。アメリカに伍する地位を求める「ネオ・インペリアルな野心」は、アメリカ並みの免罪符を手にすることへの欲望と一体である。

「記憶の戦争」を通じて憎悪が沸点に達していたにせよ、そこから軍事侵攻に至るにはあまりに大きな飛躍があるだろう。言葉の応酬と軍事力による破壊や殺害とは明らかに次元が異なり、必要な資源も失うものも段違いだからである。飛躍の真相を理解するには、両国内の政治状況やロシア・ウクライナ関係にとどまらず、ポスト冷戦時代の国際秩序そのものを問い直す考察の深化が必要だし、次のような問いがすぐに思い浮かぶ[27]。開戦直近の数週間に米露間で繰り返された外交交渉ではいかなるメッセージが交わされたのか。対露関係改善を掲げて誕生したはずのゼレンスキー政権が強硬姿勢に転じた国内外の条件は何か。政権の姿勢の転換により東部の内戦の最前線では何が起こったのか。中東欧諸国の呼びかけに触発された二〇一四年の「親欧米」的な「民主化」とは何だったのか。世界各地で繰り広げられた人道の名による軍事介入がいかなる「想像力《イマジナリー》」を喚起してきたのか。そして最後に、はたしてポスト冷戦時代に私たちは、いまあるような安全保障の形以外の可能性を持ちえなかったのか。

すでに各所で指摘されているとおり、冷戦終結後のアメリカのロシアに対する居丈高な振る舞いを戒めるジョージ・ケナンの警鐘に思いを馳せ、冷戦勝利と民主化のユーフォリアや九・一一後の混迷に彩られた国際関係の構築過程と往還しながら、戦争の原因は探られる必要がある。ロシアとウクライナをめぐる遠い因縁や過去の記憶は、そうした過程に不可欠の図柄として織り込まれ、「再発明」や「再構築」が繰り返され、相互の憎悪をかき立てる道具として使用されてきたのである。

第3章 「ウクライナ史」とはなにか

——国民史の構築と記憶の衝突——

「インドは存在するのか」

ウォーラーステインの『脱＝社会科学』には「インドは存在するのか」という謎めいたタイトルの小文が収められている。(1) そのなかで巧みな反実仮想を踏まえて示された命題は、①インドは近代世界システムによって発明された、②インドの前近代の歴史は近代の創作物である、③インドが二〇〇年後に存在しているかどうかはわからない、の三点に集約される。執筆時点ではこの小文は「非常識」だったようだが、その後三十余年のあいだの歴史学や社会科学の刷新もあり、いまでは理屈上はほぼ常識的とみなしてよいだろう。

だが、実際の各国史（国民史）をめぐる叙述や集合的記憶の次元に降り立つと、ここに示された冷めた見方が前提的理解として共有されているのかどうか、なんとも心許ない。熱い思いとともに現存の国名と領土を過去に遡及させた通史的叙述は、自国史であれ外国史であれ、巷間に溢れかえっている。ポスト冷戦時代の新興独立諸国では、そのことの問題性がひときわ鮮烈に現れる。目下、ロシアによる違法で人道的に許しがたい戦争の渦中にあるウクライナの歴史は、軍事侵攻した側であるロシアの歴史、両国の生いたった母胎であるソ連やロシア帝国の歴史とともに、ウォーラーステインの提起を検証する好事例である。近代に登場したロシア帝国と後継国のソ連はすでに姿を消し、新興国家はそれぞれ太古に及ぶ国民史の創作に勤しみ、遺憾ながら戦争ゆえに両国の未来には暗雲が立ち込めている。

前章でも述べたように、開戦前年、プーチン大統領が「ロシア人とウクライナ人の歴史的一体性について」[2]と題した「論文」を公表し（たちまちロシア・ウクライナ両国の歴史家から虚妄ぶりを指摘された）、開戦演説でも「歴史」に多く言及したこともあり、現下の戦争の原因をプーチン大統領の抱く歴史像の歪みに求める議論が多く振りまかれてきた。プーチンの大国主義的言辞への義憤とともに、往古の「ウクライナ人」国家の存在を所与としたうえで[3]、周辺大国（ポーランド＝リトアニアやロシア帝国／ソ連）による多年の支配に抗して民族精神と文化を育み、近世以来の幾度もの闘争を経て独立を達成した英雄的民族という、ロマンティックな歴史像も盛んに流布されている。その種の苦難の「物語」が、日本の書店でもベストセラーになったようだ。この像は、中東欧・バルト諸国に遍在する陳腐な建国神話とみなしてよいのだが、これがウォーラーステインの指摘する命題、そして近年の歴史学や社会科学上の常識と相容れぬことはすぐに了解できるだろう。他方、「歴史ある民」の矜持を賭けた新興国家は、悠久の過去に遡るロマンあふれる物語に憧れと執着を抱き、それを国民的な集合的記憶として定着させることに注力してきた。プーチンの仕掛けた道理なき戦争は、本人の意図に反して、この

「物語」をグローバルな歴史記憶にまで格上げしてしまった感がある。

平和を愛好する良き市民として、大ロシア愛国主義を振りかざして過去を「捏造」するプーチン大統領の戦争合理化に義憤を抱くのは当然である。だが、国民史批判を共有しその克服を唱導してきた歴史学者が、攻撃された側とはいえ、ウクライナの歴史的な自己像を無批判にそのまま受容してよいのかどうかは、まったく別の問題だ。独立から今回の戦争の開戦に至る間には、ウクライナの民族主義的歴史叙述や歴史政策がしばしば国際的な批判や非難の的になっていたことにも留意が必要だろう。このように書くと「親露的」などの粗雑なプロパガンダ的話法による難癖をつけられかねないが、開戦に至る経緯と構図を「紛争化させられる過去」という観点から考えるうえで、ウクライナの歴史政策や「記憶の政治」は間違いなく検討に値する。そのことで開戦原因の究明にたどり着けるわけではけっしてないが、一国的な「歴史」が生起させられて集合的「記憶」へと鍛造され、その過程で集団間の憎悪が相互昂進的に醸成され凝固させられて強固な対立の磁場が構築される政治的文脈を追うことはできる。この章では、こうした観点から「「ウクライナ史」とはなにか」を考えてみたい。

ウクライナ「国民史」の構築

ウクライナ民族史学の誕生は、一九世紀後半から特に帝政末期の「民族覚醒」と一体であった。その経緯は中井和夫の一連の著作で扱われているし[4]、ここで詳論する余裕もない。ただ、ひときわ輝く象徴的存在として、歴史家にして革命・内戦期に一時存在したウクライナ人民共和国の首班を務めたミハイロ・フルシェフスキーがいた。[5] 彼が完成させた民族史学は、帝国的支配のもとで「歴史なき民」とされた中東欧・バルトの他の諸民族と同じく、往古にまで遡って原初主義的に神話化された民族の自己像を提示し、数百年に及ぶ「外国」支配への不屈の抵抗と固有の民族文化という物語を紡いでいった。さらに、この系譜を受け継いで、フルシェフスキー自身を担い手とした民族覚醒から二〇世紀末の独立達成までを接続した直線的な歴史の語りの型が構築され、「輝かしい栄光の過去（「ウクライナ人」国家としてのキエフ＝ルーシとハリチ＝ヴォルイニ公国）→国家喪失による闇（ポーランド＝リトアニアおよびロシアによる支配）→民族独立達成による栄光の復活」という像が積み上げられた。プーチン「論文」はもとより、従来広く語られた通説とも対極的に、ロシアとの起源の共有を認めず差異を本質化した「ウクライナ民族千年の歴史」なる形象が生みだされたのである。

　ウクライナの民族覚醒と民族史学には、一九世紀以来これを「ウクライナ分離主義」として糾弾するロシアの右翼的で帝国的な主張が対置されてきた。その衣鉢を継いだ現代の煽動者《プロパガンディスト》は「ウクライナの国家・民族・言語の存在する権利を認めてはならぬ」と公言し、ウクライナは「われわれの敵のイデオロギーによって作られた妄想の産物《フェティッシュ》だ[6]」と言って憚らぬほどだ。だが、これにはウクライナから「援軍」があった。ここに引いた礼節を欠く言辞は、一九世紀以来の「ウクライナ分離主義」批判のアンソロジー冒頭に置かれた解説から採ったものだが、その章題は「ウクライナの霧は散らされねばならぬ。そしてロシアの太陽が昇る」であった。この一節は、フルシェフスキーの同時代人で、彼とは対照的にウクライナ民族主義を退けたカザーク（コサック）名門家系出自の保守的歴史家アンドレイ・ストロジェンコ[7]が発したものだそうだが、「分離主義」を誹る悪意あるロシアの右派にとって、彼の言葉は渡りに船だったのだろう。他方、国民史の系譜において、彼のようなロシアの帝国的秩序にウクライナを位置づけた学者（「小ロシア派」と呼ばれる）が軽視され、民族自立を讃えた歴史家が脚光を浴びるのは当然である。だが、煽動者による悪用はもとより論外としたうえで、同時代に民族派と異なる立脚点を選んだ知識人＝歴史家がいたという事実は、民族覚醒期に対立する複数の選択肢があったことを教えてくれる。その後の革命・内戦期に、複数の異なる可能性を奉じた諸勢力が現在のウクライナの地で熾烈な軍事抗争を重ねた現実とも符合するだろう。原初主義に立って民族史を直線的な目的論的過程と捉えれば、ストロジェンコは雑音《ノイズ》でしかないが、歴史を幾重もの選択の累積と捉えるのであれば、かかる異論にはまた違った評価がなされるはずだ。

後述するとおり、民族史学の系譜は北米の亡命史学に継承されるが、もちろんソ連史学内部にウクライナ史が存在しなかったわけではない。実際、独立国家形成に挫折していったん亡命したフルシェフスキー自身、一九二四年に帰国して歴史家としての活動を再開した。共産党と共和国の「現地化」が図られた、いわゆる「コレニザーツィヤ」の時代のことである。[8]この帰国はスターリン支配の確立・強化とともに悲劇的結末を迎えるが、その間、多大の制約つきとはいえ、フルシェフスキーに導かれてウクライナ史学の形成が進んだことは否定しがたい。一九四七年、ウクライナ共産党中央委員会が歴史家会議を招集して、スターリンの『ソ連共産党史小教程』に合致したウクライナ共和国史の編纂を議論したが、そこでもまだフルシェフスキー的歴史像の克服が課題として認識されていたらしい。[9] 会議を受けて刊行された『ウクライナ・ソヴィエト社会主義共和国史』[10]は、先史時代以来の史実の叙述のはざまにマルクス、エンゲルス、レーニン、スターリンの引用を織り込み、注記も彼らの著作のみという惨憺たる出来栄えである。だが、新石器時代のトリポリエ文化やスラヴ人の総称としてのアント人に始まって、のちのウクライナ民族史／国民史で必ず言及される道具立てがそれなりに揃っている。丁寧な検証が必要だが、マルクス＝レーニン主義的言説の表皮と大ロシア中心主義的解釈による屈曲があったにせよ、個別の史実の集積自体は、独立後に看板をすげ替えて国民史を構築する際に利用可能な資材を提供したはずだ。

ソ連の体制と歴史学自体のなかにも原初主義的な契機は根深く埋め込まれていた。このことは松里公孝がつとに指摘するところだが、それによれば、ソ連の採用した「民族領域連邦制」において共和国等の基幹民族（ウクライナ共和国であればウクライナ人）の先住性が重視されて、「原初主義を刷り込まれ[11]」ていたというのである。独立を見通すなかで顕著になる民族主義とは異なる回路でも、原初主義が浸透していたというわけである。この社会主義と民族主義との奇妙な同居について松里は、「私見だが、民族主義者がマルクス主義の階級論のアナロジーで民族問題を考えるようになったことが、民族表象を著しく原初化したと思う[12]」と述べている。考慮すべき重要な指摘のように思われる。

ソ連型ウクライナ史の形成には、直接のイデオロギー統制にとどまらない中央集権的学術体制に起因するコロニアルな問題も介在した。ソ連共産党中央委員会のマルクス＝レーニン主義研究所やソ連科学アカデミーの歴史学部門傘下の研究所を頂点とし、大学や各共和国アカデミーと研究所がヒエラルヒー的に配置された学術界の構造[13]のもとで、モスクワの歴史家が「地方」の同僚を貶め、他方、「地方」では権威に阿《おもね》る態度が形成されたようだ。ソ連解体後の一九九〇年代中頃にモスクワのある歴史家は、ウクライナの歴史学者を念頭に、「ソ連における歴史学の発展の特質として、そのための条件が「中央」では「地方」よりはるかにリベラルだった[14]」と平然と語った。実際、ペレストロイカ期の歴史家の討論に際してウクライナ代表は歴史の刷新に否定的で、フルシェフスキーの復権にも反対したという[15]。ペレストロイカの好機を捉えたバルト諸国は、モロトフ＝リッベントロップ秘密議定書の公開要求とともにソ連編入の違法性を訴えたが、第二回ソ連邦人民代議員大会（一九八九年）の委員会で本件が審議された際に、ウクライナ選出代議員は過去の見直しに消極的態度を取った[16]。

このような保守性にもかかわらず、ウクライナでも特に西部の民族主義運動の高揚とともに「自国史」を再発見する機運が高まった。思いがけず独立が現実化すると、独立国家を正統化する民族の物語の構築も不可欠だった。そのための作業も急ピッチで進んだが、その際に、一方ではソ連由来の歴史像を看板だけ付け替えて温存しつつ、他方でそれとは異なる歴史像を提供する北米の亡命史学が移入された。独立に前後して、アメリカとカナダで活動したオレスト・スブテルヌィの『ウクライナ史[17]』が、英語と翻訳で競って読まれたことには多くの証言がある。筆者は、同書の意図をうまく咀嚼できずにいるが、ウクライナの読者からは、キエフ＝ルーシとこれに先行する時代以来の「ウクライナ人の通史」として読まれた。ソヴィエト的に歪曲されない「本物のウクライナ史」が発見された、というわけである。

ここで大事なのは、ナショナリズムに促されて渇きを癒すかのように亡命史学を存分に吸収した集団・地域と、これとは対照的にソ連型歴史像を維持した集団・地域への二極化が進む一方、歴史の指向性がそのまま独立への態度に直結したわけではないということである。クリミアはやや事情を異にするとはいえ、独立の可否を問う国民投票ではいずれの集団・地域もウクライナの独立を支持し、そのうえで由来の異なる歴史観を併存させていたのである。ウクライナの民族／国民形成は、実はソ連期に促進されたとする近年の歴史学上の成果を考慮に入れるならば、このことは当然だろう。[18] 使用言語と歴史像の複数性を暗黙の前提に独立は希求されたのだ。

内容や評価の入替があったとはいえ、過去に向き合う思考の様式と態度がソ連時代とさして変わらず維持されたことも重要だ。ナショナリズム論を皮切りに史学史上の諸問題を鋭い筆致で論ずるウクライナの歴史家ゲオルギー・カシヤノフは、「共産主義とナショナリズムの世界観ないし倫理的基盤、あるいは過去の表象を対置させると、両者には共通するものが多くある」と述べ、いずれも「解放」を掲げ、階級と民族の違いこそあれ「闘争」を歴史の推進力とみなし、ともに目的論的予定説に立っていると喝破する。また、歴史家の役割を「［国家による］イデオロギー上の要請のために歴史研究を差し出す」こととする態度が強固に残存したことも指摘している。[19] 同様の傾向はロシアの歴史家にも散見されるが（諜報機関の長が総裁を務めるロシア歴史協会を見よ）、こうした土壌のうえでウクライナ（とロシア）の「記憶の政治」は展開されたのである。

北米のウクライナ亡命史学とウクライナ史の展開／転回

近年、亡命史学への注視が顕著である。長らくナチ支配を逃れた移民／亡命者の歴史家が主役だったが、最近では南欧、ソ連・東欧、南米、アジアなどの独裁政権による抑圧を逃れ、あるいは移民の波や個人的事情のために故郷を離れて西欧や北米で活躍した歴史家の史学史上の貢献が関心を集めている。[20] ウクライナ亡命史学はその重要な事例である。[21] 国民史は当該国家内で書かれるだけではなく、国境を跨いだ網の目のなかで構築されている。

アーノルド・トインビーはウクライナ民族論を説き起こすのに、「三〇〇〇万人のネイションだって、そんな名前聞いたこともない」というトリッキーな発言を書き残したが、[22] 第一世代の亡命歴史家が直面した壁は、北米におけるまさにこの種の無知であった。民族の誇りを胸にソヴィエト化した故郷を去ったディアスポラにとって、ボリシェヴィキのロシアとは異なる自民族の存在を西側世界に周知させ、その地のアカデミアでロシア／ソ連研究に回収されないウクライナ研究の市民権を確立し、冷戦的構図のなかで合衆国における政治的影響力を強めること、このことが何よりの目標だった。苦労の甲斐あってハーヴァード大学ウクライナ研究所やカナダのアルバート大学カナダ・ウクライナ研究所（トロント大学にもオフィスがある）などの中核的研究機関が設立され、関連学会も発足し、専門雑誌と莫大な数の研究書も刊行された。ロシア史ともソ連史とも異なる固有の学問領域としてのウクライナ史研究は、まずは北米で長足の発展を遂げ、さらに西欧の研究者とも対話を重ねて高水準に達していった。

北米のウクライナ史研究は、中東欧からのディアスポラが共有する宿痾ともいうべき民族主義的で原初主義的な傾向を備えていた。移民／亡命者としてのアイデンティティ問題とも絡まりながら、「ウクライナ民族千年」の公準を出発点に据え、近隣大国の支配による自民族の犠牲者性《ヴィクティムフッド》を盛んに喧伝した。スブテルヌィによれば、「ウクライナ（人）の過去とは、一人前の国家という枠組みを持たずにずっと生き抜いて進化しなければならなかったネイションの歴史」である。[23]また、犠牲者性を前面に押し出す遠隔地ナショナリズムの典型が、一九三二年から三三年に発生した大規模な人為的飢餓（ウクライナでは「ホロドモール」と呼ぶ）のジェノサイド認定を求めるウクライナ系移民団体の政治運動である。現在のウクライナ国家の国是たる「ホロドモール＝ジェノサイド」言説は、北米産なのである。彼らは、全体主義論的アプローチを採用するなどして他の中東欧の亡命史学（特にポーランド系）との合流に成功するが、他方で、ロシア人やユダヤ人との関係には困難が伴った。[24]「ウクライナ分離主義」批判の系譜は亡命ロシア史学にも流れ込んでいたし、[25]一九世紀末以来ポグロムの嵐が吹き荒れてホロコーストの舞台でもあったウクライナの民族史を、ユダヤ人が肯定的に受け入れるのは困難だろう。そこにもまた紛争化の火種があった。

その後、亡命史家に限らぬ広がりを得て北米中心に展開したウクライナ史研究は、亡命史学内部の世代交代や個別研究の蓄積、さらに一九六八年の若者反乱やヴェトナム反戦運動を介した歴史学総体の変革とともに、一定の自己刷新を遂げていった。もとより、強烈な遠隔地ナショナリズムを胸に刻んだアイデンティティの政治を展開するディアスポラ集団が背後に控えている以上、第一世代以来の原初主義的で目的論的な民族史の構図を払拭するところからは程遠かった。だが、研究者の世代交代が進むなかでは「ウクライナ史とはなにか」が不断に問い返され、民族主義の護教論的な歴史研究の克服をめざす動きも顕在化した。それを端的に示したのが、一九九五年、『スラヴ評論』誌上でマーク・フォン・ハーゲン（彼はウクライナ系ではない）の発した「ウクライナに歴史はあるのか？」という挑発的かつ奥行きのある問いをめぐる討論である。[26] かかる自省的姿勢のもと、ウクライナ史の学問論的・方法論的な再審と飛躍の道の探索がはかられ、自民族中心《エスノセントリック》の歴史叙述に代わる領域論的アプローチや境界線変動による空間的遷移も視野に入れた、トランスナショナルな歴史叙述を開拓する議論も深められた。ディアスポラの伝統的史学と鋭く対峙する学問的態度の醸成は、独立後のウクライナの記憶・歴史政治とも真正面から対立した。「ホロドモール＝ジェノサイド」言説を退け、「「ホロドモールの」もっとも権威ある研究は、ジェノサイド理論を受け入れない学者によって書かれた」と断言したデーヴィッド・マープルス、英雄視されがちなウクライナ民族主義者の対ナチ協力を鋭く追究したジョン＝ポール・ヒムカからの名前を想起しておきたい。[27] 恣意的に引かれたロシア・ウクライナ国境[28]を越えて広がる、独自空間としてのドンバス地域史を著した黒宮広昭もここに列するのがよい。[29] そこからは、ドンバスを短絡的に「親露派地域」と名指す虚妄ぶりがおのずと炙り出されるであろう。

ウクライナにおける「記憶の政治」

独立後のウクライナにおける「記憶の政治」の印象深い事例に、革命・内戦期のウクライナ人民共和国との国家的継承性を内外に顕示する国家儀礼があった。一九九二年夏、人民共和国「亡命政府」首班のミコラ・プラビュークからクラフチューク大統領に人民共和国国章と法的継承を示す認証文書が手交されたのである。[30] 革命・内戦期に現在のウクライナ地域では、ボリシェヴィキ、ナショナル・コミュニスト、アナーキストの農民革命派、社会主義系の人民共和国、帝国的なロシア白軍、君主主義者、外国干渉軍など種々雑多な勢力が入り乱れて熾烈な武力紛争と国家形成を試みていた。[31] そのなかで人民共和国が短期間ながら政治・軍事勢力として一定の地位を確保したことは間違いない。[32] だが、人民共和国が、截然と定義された領土と国民を有して安定的統治を達成したかどうかは論争的だ。戦間期国家との継承性を謳うことのできたバルト諸国と比べても、そこには脆弱さがつきまとう。それにもかかわらず行われたこの儀礼は、新興独立国のウクライナが、国家の正統性を歴史的継承性によって弁証するために亡命政府を利用したものと解せるが、逆に、これにより乱立した諸勢力のなかから人民共和国を正統化し、その記憶を公定して広く公衆の心に刻んだともいえる。カシヤノフはそのからくりを、「ウクライナという独立国家と現行の政治的境界線の存在する現在（一九九一年）から始めて時間的に遡上し」[33]、キエフ＝ルーシを礎石に据えてウクライナ民族国家の系譜を紡ぐための材料にしたのだと説明する。ならば、人民共和国研究の必要性と重要性をしっかり認識したうえで、俗論でしばしば語られる革命・内戦期のウクライナ「独立」を完成態のように扱うことには慎重さが必要だろう。さらに、ソ連期を脇に追いやった国家継承を掲げることでウクライナは、ソ連による「負の遺産」をおしなべてロシアに押しつけて自国の「犠牲者化」を図り、みずからも負ったはずの罪責（たとえば、アフガニスタンにおける戦争犯罪・人道犯罪の責任はどうだろうか？）を回避できることにもなった[34]。すでに塩川伸明が端緒的に提起したことがあるが[35]、より本格的な検討が必要だろう。

独立後六代の大統領のもとでの歴史・記憶政治は、南部・東部等で有力なソ連由来の歴史記憶（とりわけ「大祖国戦争」史観）と、西部で有力なナショナリスト的歴史記憶へという国内的分岐を前提として大きな揺れを見せた（詳細はカシヤノフの *Memory Crash* を参照）。その大括りな像は、①両者の均衡を図り亀裂を封じようとしたクラフチュークとクチマ、②民族主義的歴史記憶を総動員したユーシチェンコ大統領によるアイデンティティの政治、③前任者からの反転を図ったヤヌコヴィチ政権、そして④ユーロマイダン後のポロシェンコによるユーシチェンコ路線への復帰とゼレンスキー大統領による踏襲、というものである。近年のウクライナを見渡した福嶋千穂は筆巧みなエッセーのなかで、かつてガリツィアと呼ばれた西部の地名に因んでウクライナの「ガリツィア化」を指摘したが[36]、歴史・記憶政治の趨勢はまさにその例証になっている。国際機関を舞台とした外交上の主張（とりわけホロドモールの評価）も、これに応じて大きな振幅を見せた。他方、地域レベルでは、時々の政府方針には無頓着に各地域が勝手に独自の動きを展開し、実相はきわめて複雑だった。地域毎の思惑で街路名の付け替え、銅像の破壊と建立、記念行事や式典などにより記憶が操作されたのである。過去の取り扱いは、言語とともにウクライナ国内政治の闘争舞台そのものだった。

そうしたなか、二〇一五年にポロシェンコ大統領の制定した「脱共産主義化法」は、ソ連美化とみなされる言動を一切禁止するかたわら、ステパン・バンデラら民族派（ウクライナ民族主義者組織＝

ＯＵＮとウクライナ蜂起軍＝ＵＰＡ）によるユダヤ人・ポーランド人虐殺を含む第二次世界大戦時の犯罪的行為への言及を、「ウクライナ独立闘士」の栄えある記憶の毀損として刑法犯罪化した。プーチンがウクライナを「ナチ」呼ばわりする一因はこれら対ナチ協力者の英雄視にあるが、この英雄視は、欧米のウクライナ研究者やホロコースト研究者からも辛辣な批判を浴びてきた。[37] さらに、ポーランド人虐殺の扱いは、対ポーランド関係で政治的にも学術的にも深刻な緊張をもたらした。開戦とともに一挙に後景化したが、ウクライナの「記憶の政治」をめぐっては、ロシアだけでなくポーランドとの関係もずっと軋んでいたことを知っておく必要がある。

ウクライナ国内でも近隣諸国との関係でも争点となる問題は、①キエフ＝ルーシ以来の国家継承性、②ウクライナ人とロシア人の民族分岐の時期、③カザークによるヘトマン領と諸反乱、⑤ホロドモール＝ソ連／ロシアによるジェノサイド、など他にも多い。もはや具体的説明はできないが、いずれも国家間紛争の種となるだけでなく、政治に従属しがちな両国の歴史学界の風土（両国ともそうでない人々も多いが、その場合、国外に出て活動する例が少なくない）のもとでは、これらのテーマについてそれぞれ国策に追随的な歴史「研究」を生むこととなった。そうでなくとも、真面目な研究成果が政治的文脈に沿って歪曲して読まれる惧れもありそうだ。前章で述べたように、ロシアは近隣諸国と二国間の歴史家対話による戦略的な歴史政治を展開したが、詳細は不明とはいえ、ウクライナとの共同歴史家委員会も歴史家間の角逐の場と化して不毛な終末を迎えた。[38] 開戦以前のこうした展開とプーチンの「一体性論文」や開戦演説はけっして無縁ではないだろう。不幸にも、二度の「帝国」解体を踏まえて「共有された過去」[39]を論ずる適切な叙法が両国間で見出されることはなかったのである。

最後に、ウォーラーステインの三つの命題に立ち返ってデフォルメしてみよう。①ウクライナは一九世紀後半から二〇世紀末に至る国際秩序の変転のなかで発明された、②ウクライナの前近代の歴史は近現代の創作物である、③ウクライナ（とロシア）が二〇〇〇年後に存在しているかどうかはわからない。だが、先述のとおり、プーチンの仕掛けた不当な戦争は、ウクライナ民族主義が創作した民族千年の物語をグローバルな歴史記憶にまで格上げしてしまい、このような捉え方の居場所は狭まっているように見える。はたしてポスト・ウクライナ戦争の歴史学は、こうして構築された記憶を自明の前提として国民史を描き続けるのだろうか、それとも異なる叙法を見出すことができるのだろうか。ウクライナ史が直面するこの問題は、実際はすべての国民史に内在するし、ここ数十年の歴史学は、北米の批判的なウクライナ史研究者とともに「異なる叙法」を見出す苦闘を重ねてきたはずだ。だが、国家による剝き出しの暴力は、そうした努力の積み重ねを嘲笑するかのように、国民の物語の再強化をもたらしているように思われる。実際、侵略された側の人々は、連帯の要としての国民的記憶を抜きには危機を耐え抜けないのかもしれない（ロシア語話者の多くが使用言語を切り替えたのはその証左と解することもできる）[40]。そのことのリアリティを踏まえてなお、歴史学はどのような叙述の形式と方法を選び取るのか、私たちにはこの重たい問いが突きつけられている。

第4章　「ジェノサイド」の想起と忘却

——ヴェステルプラッテとヴェトナムからの眺望——

はじめに

二〇世紀は大量殺戮の世紀であった。ふたつの大戦と以降も途絶えぬ戦争と紛争のなかで、莫大な数の人命が言語に絶する残虐さで奪われたからである。二〇世紀はまた、戦争観の転換とともにこれを違法化し、国際的枠組みのなかで平和構築の努力の重ねられた世紀でもあった。戦争犯罪追及、残虐兵器禁止、軍縮交渉などが多面的に繰り広げられたことは周知の通りである。そうしたなかにあって「ジェノサイド」は、特定集団を故意に標的にした大量殺戮を概念化して可視化し、罪責を負う者を指弾し処罰する言葉として彫琢された。

「ジェノサイド」概念は、現代世界に横行する残忍な暴力を適切に捉え、提示し、告発する点で多大の有効性を示してきた。しかしその一方で、本来の国際司法上の厳格な要件を顧慮せぬとめどなき言葉の濫用が敵対を激化させるとともに、何をもって「ジェノサイド」とするのか自体が新たな対立を惹起したことも否めない。一般に、ある特定の概念の使用／不使用はそれ自体が権力性を帯びるが、もとより「ジェノサイド」も例外ではなく、むしろ世界の秩序化にとって深刻な帰結をもたらしてきたようにも見える。他方で、二〇二三年末に南アフリカが国際司法裁判所にジェノサイド条約違反を理由にイスラエルを提訴し、同裁判所が二〇二四年一月二六日にジェノサイド防止のための暫定措置をイスラエルに命じたことで、ジェノサイドをめぐる局面は新たな段階に到達した[1]。文字通り国際人道法上の概念としてのジェノサイドの厳密な適用を主題化させるような状況が出来したのである。そうした新たな事態を認識するからこそ、ごく最近まで見られた（そして今後も続くであろう）ジェノサイド概念の恣意的濫用の経験を総括しておくことには独自の意味があるように思われる。そのために本章では、ややエピソード的なものも含めてジェノサイドに関わる三つのまったく異なる局面を提示して、こうした事態について考える糸口を得ることを試みたい。

1　「コスプレ」化させられる過去と殺戮の記憶の行方

ヴェステルプラッテ

バルト海に面するポーランドの港市グダンスクの北部に、ヴェステルプラッテと呼ばれる岬がある。旧市街からは数キロ、ポーランドの国土を貫流してきたヴィスワ川の支流がバルト海に注ぐ河口の小さな岬である。グダンスク駅前からバスで市街地を抜けて北上し、海岸近くの鬱蒼とした林のなかに雑然と点在する海運用コンテナ置き場をぬうように進むと、そこは公園になっている。終点のバス停で下車して散策路をたどると、最奥部にある小高い丘の上に、一見して人民共和国（社会主義）期の建立であることが明らかな、壮大なモニュメントが聳えている。台座周辺には花束が多く供えられていて、社会主義時代から今日にいたるまで、重要な「記憶の場」であり続けていることがうかがえる。

実は、第一次世界大戦の終結とともに独立したポーランド共和国にグダンスクは含まれていない。一八世紀末のポーランド分割以来プロイセン領だったこの地域は、ヴェルサイユ条約で周辺地域から分離されて、ダンツィヒ自由市（ダンツィヒは、グダンスクのドイツ語旧称）となった。行政は、主として住民の圧倒的多数を占めるドイツ人の手に握られたが、鉄道、郵便・電信、港湾などの管理権はポーランド国家に委ねられた。一九二五年にはヴェステルプラッテが軍事物資輸送拠点としてポーランドに移譲され、守備隊も配置された。もとより、ダンツィヒをめぐるドイツとポーランドの関係は一筋縄でいくはずはない。一九三三年にドイツでナチ党が政権を獲得し、数カ月後にダンツィヒ市議会選挙でも多数を占めると、事態はますます混沌とした。ドイツにとって旧帝国領回復は、東方の生存圏獲得に先だって成しとげるべき悲願だったからである。一九三九年九月一日はそうしたなかで到来した。

ティモシー・スナイダーによれば、「ドイツのテロルは空から始まった」[2]。この日早朝、ドイツ空軍がポーランドの小都市ヴィエルニに突然空爆を加えたのである。だが、ほぼ時を同じくして海からの戦争も始まった。午前四時四七分（四五分説も多い）には、バルト海に停泊する軍艦シュレスヴィヒ＝ホルシュタインが艦砲射撃の猛攻を開始したのだ。満を持した陸軍も、ポンメルン、東プロイセン、シュレジエン、傀儡国スロヴァキアなどから一斉にポーランドに侵攻した。破竹の勢いのドイツ軍は、直前に締結されたモロトフ＝リッベントロップ秘密議定書の定めた境界線まで進攻し、ポーランドの西半分を掌中に収めていったん足取りを止めた。今度はソ連赤軍が国境を越えて東半分を我がものとした。

シュレスヴィヒ＝ホルシュタイン号による最初の一撃を受けたのは、ほかならぬヴェステルプラッテの守備隊である。小規模な守備隊は猛攻にも持ちこたえて、司令官が降伏を決断するのは一週間後のことだ。海岸部の攻防に並行して市内では、ポーランド管轄下の中央郵便局をめぐってポーランド人とナチの武装部隊が衝突し、抵抗する局員の虐殺も発生した。これにはダンツィヒのドイツ人が組織した親衛隊郷土防衛隊も加わっている。『ブリキの太鼓』[3]を書いたギュンター・グラスがこの事件を素材にしたことは周知の通りだが、この事件は、ナチ・ドイツによる一連の殺戮の最初の一歩と言えなくもない。この後延々と繰り返される大量殺戮こそ、「ジェノサイド」概念が編み出される契機である。

コメモレーション

ヴェステルプラッテの守備隊員と郵便局防衛に命を賭した人々はともに、ポーランドの国民的英雄として記憶されるべき存在である。[4] ヴェステルプラッテでは、守備隊兵舎の廃墟と犠牲者の名を刻んだ十字の石碑が戦いの傷跡を伝えるだけでなく、戦闘の様子を事細かに紹介する屋外展示パネルも数多く設置されていた。グダンスク中央郵便局にも由来を伝える小ぶりの博物館が設けられ、傍らの広場には命を献じた人々を讃える記念碑がある。

ヴェステルプラッテは、毎年九月一日に第二次世界大戦を想起する国策上重要な場になっている。今では思いもよらないが、二〇〇九年の開戦七〇周年記念式典には、ドイツのメルケル首相らヨーロッパの首脳と並んで、ロシアのプーチン首相（当時）も列席した。彼の演説とポーランドのレフ・カチンスキ大統領のそれとは、開戦原因などで不協和音を奏しており、前日に新聞紙上で公表された「ポーランド人へのプーチンの手紙」[5] も世論から厳しく受け止められていた。とはいえプーチンの参列が、多少とも両国が歩み寄る一歩であったことは間違いないし、二〇二二年以降の「現在」を考えるにあたっても、このような瞬間の存在したことに目を瞑ることはできないだろう。実際、翌二〇一〇年四月にはロシアのスモレンスク近郊で「カティンの森」事件、すなわちソ連によるポーランド人将校の大量虐殺（ポーランド人を標的とした「スターリンのジェノサイド」の象徴的事件）の七〇周年記念追悼式典が行われ、その場でプーチンは、ポーランドのトゥスク首相を前にスターリン主義犯罪に踏み込んで言及した。[6] こうした雰囲気を後ろ盾に、二国間歴史対話の成果も編まれていった。だが、この機運は永続化しなかった。直後のカチンスキ大統領搭乗機墜落事故をきっかけに、しだいに両国間関係が緊張の度を加え、とりわけポーランドの国内的な亀裂が助長されたようにも見える。その先に、「法と公正」党による権威主義政治が登場したことを想起しておく必要がある。第2章でも触れたとおり、同政権と与党政治家の介入によりグダンスクにある第二次世界大戦博物館の館長が更迭され、普遍主義を志向した展示内容も民族主義的に改変されたのである。こうした展開とも並行する形で、ロシアの歴史・記憶政策やアイデンティティの政治が加速化し、ますます極端なものになっていったことは「現在」の理解にとって不可欠である。

国内政治の変貌を反映した意味づけの転換を伴いながら、ヴェステルプラッテの式典はいまも毎年挙行されている。[7] 筆者がポーランドに滞在していた二〇一八年九月一日の早朝に行われた式典ではマテウシュ・モラヴィエツキ首相が、国土と自由を守ろうとしたポーランド兵士がヨーロッパと世界の運命を担ったことを強調して国民的統一を呼びかけた。他方、ドゥダ大統領は、グダンスクから近い鉄道要地トチェフの式典に列席した。開戦初日に空爆で甚大な被害を被った町である。最初に空爆を受けたヴィエルニでも式典は行われた。九月一日は、最初の犠牲者としての自己像とともに、国民的矜持をかけた英雄的な抵抗の日として政治的に想起され続けている。二〇二四年のヴェステルプラッテの式典では、再度の政権交代で首相に返り咲いたドナルド・トゥスクが、第二次世界大戦の教訓と現在のウクライナの戦局も念頭に、軍事力増強とその「近代化」を語った。ヴェステルプラッテは、そうした想起の政治にとって不可欠の場なのである。

「コスプレ」

二〇一八年九月一日、ヴェステルプラッテでは早朝の記念式典に続いて戦争記憶をたどる行事が行われ、多数の市民が足を運んでいた。ポーランド東北部の旧東プロイセン地域で行った史料調査から帰国途上の筆者も会場まで足を延ばして、第二次世界大戦開戦の日を人々がどのように想起しているのか、わが目で確かめることにした。

この時の会場の雰囲気は、最新デジタル技術を駆使して情動の興奮を過剰にかき立てる近年の博物館展示とはまったく違っていた。手作り感溢れる古びた道具立てを用いて、軍事的なるものが再現されていたのである。散策路の左右では、旧軍が使用したと思しき給食車両からスープが振る舞われ、白衣の医療班は野戦天幕に陣取って、いつのものとも知れないメスや注射器を芝生に並べていた。近くには金属探知機による地雷探索実演コーナーもあって、子どもらが興味深げに操っていた。さらに奥には射撃体験用に軽機関銃が据えられて、もちろん空砲だが、射撃を試すこともできた。カタカタいうマシンガンの音が鳴り響くのを耳にしながら、順番待ちで居並ぶ子どもらの姿になんとも複雑な思いがした。もちろん、取り仕切っているのは大戦時の兵服でコスプレを楽しむ大人たちである。学園祭の展示に多少毛が生えた程度のお手軽さで装われた社会の軍事化とでもいうのだろうか、そこには戦争の痛みを想起し、犠牲者を追悼する道具立てはほとんどなかった（二〇二二年以降の様子は確認できていないが、社会の軍事化の度合いは格段に高まったことだろう）。

少し離れた駐車場の様子も似たり寄ったりだった。国内各地の博物館からかき集められた戦車や装甲車が脈絡なく無造作に並べられているだけで、なかにはロシア語で「母国のために」と大書したソ連の装甲車も混じっていて、何か一貫した意味を読みとるのは困難だった。ただただ旧式戦車に触れて楽しむ以上のものではなさそうだ。

だが、そこには目を疑うような風体の中年男性が二人いた。未確認だがおそらくポーランド人だろう。彼らは、ナチ親衛隊将校と兵士の制服と軍帽やヘルメットを着用して首には双眼鏡をかけ、短銃やライフルを手にしてご満悦の様子である。一瞬呆気にとられたものの、すぐに気を取り直して二人に近づき「これはナチ親衛隊の制服だよね」と尋ねたところ、二人は臆するどころか自慢げに袖章を指差した。黒地に白く刺繡されたのは SS-Heimwehr Danzig の文字、言うまでもなく中央郵便局で虐殺に加担した親衛隊郷土防衛隊である。服地も袖章も古びておらず、実物を模して新調したように見える。莫大な数のポーランド市民の命を無造作に奪い、より広域的に数々の大量虐殺、ジェノサイドの主役として名を轟かせた「敵」の衣装をまとって自慢げに振る舞うとは、いったい何の趣向なのだろうか。七九年前の九月一日を忠実に再現するのに不可欠の小道具だと考えたのか、たんにコスプレの悪ふざけが過ぎただけなのか、あるいは、ナチズムに心情的に同一化した結果なのか。彼らの意図とその場に登場した文脈は推し量りようもないが、なんともグロテスクな光景に思われた。それにも増して、周囲の人々がさして気に留めているように見えなかったのが意外だった。

もとより、筆者がその場に居合わせたのは短時間で、前後にどんなやりとりがあったのかはわからない。とはいえ、唯一無二のナチ犯罪という公準を社会契約の中核に据えたヨーロッパ、なかでももっとも悲劇的な経験とその犠牲者性を国民的アイデンティティの中軸に据えてきたはずのポーランドで、ナチ親衛隊を装う人物が公衆の面前に登場したという事実をどのように説明できるのだろうか。しかもポーランドの「記憶法」では、ナチと社会主義というふたつの「全体主義の犯罪」を否定する言説や、「全体主義」のシンボルを掲出する行為は刑事罰の対象のはずである。ナチとの英雄的戦いを顕彰する言説と、無邪気にコスプレを楽しむ戦争ごっこの気分と、戦争と殺戮の過去をめぐる記憶の悲痛さを意識の外にかなぐり捨てた人々とが共存したヴェステルプラッテの空間は、現代の歴史記憶の混沌をみごとに示している。過去を無造作に資源化し手段化する国家の政治とともに、過去を享楽的にゲーム化し消費する市民社会ないし大衆社会の欲望のあり方それ自体が問われるべきことを、この事例は示しているのではないか。そして両者のはざまにあって、歴史研究やメモリー・スタディーズは何を問うべきなのか、このこともまたおのずと俎上に載せられなければならないはずだ。政治的に使用される「ジェノサイド」概念もまたそうした再審の一環となるべきものである。

2　氾濫する「ジェノサイド」と犠牲者性《ヴィクティムフッド》ナショナリズム

「ジェノサイド」概念の成立と再発見

民族や文化、宗教などを基準とした特定の人間集団の破壊を意味する「ジェノサイド」は、第二次世界大戦下にラファエル・レムキンによって案出され、大戦後、一九四八年一二月の国際連合総会で採択されたジェノサイド条約によって国際法上の概念として定式化された。条約のなかで「ジェノサイド」は、「国民的、人種的、民族的又は宗教的集団を、全体又は一部破壊する意図」をもって当該集団構成員を「殺すこと」、「重大な肉体的又は精神的な危害を加えること」を意味する。また、肉体的破壊をもたらすような生活条件に置き、集団内での出生を阻害し、次代を担う児童を強制的に他集団に移すこともこれに該当する。大量殺戮や残虐行為に加えて、強制的な追放・移住・収容や民族浄化、あるいは児童の同化などの言葉で表象される非人道的行為や人権侵害が「ジェノサイド」と規定され、責任追及と発生防止が国際的責務として自覚された、というわけである。[8]

だが、条約締結にもかかわらず、その後半世紀近くにわたってこれを適用して上記のさまざまな行為が法的に裁かれることはなかった。ニュルンベルク裁判や東京裁判の後、実際に裁く国際法廷が不在だったためだと言われている。ジェノサイド条約が国際的な平和と正義の回復を律する法規範として再登場するのは、冷戦終結後の一九九〇年代以降のことである。ユーゴスラヴィア解体と新興国家独立のプロセスで生起した大量虐殺や民族浄化、アフリカのルワンダで発生した部族間紛争を背景とした莫大な数の難民虐殺が世界に衝撃を与え、処罰のためのアドホックな国際法廷が設置されて、審理が進められるようになったことはよく知られている。さらに、常設の国際刑事裁判所の必要性も合意された。一九九八年には「国際刑事裁判所に関するローマ規程[9]」が締結されて、二〇〇二年に発効、翌年には同裁判所が活動を開始した。同規程第五条は裁判所の管轄する犯罪を、①ジェノサイド

（集団殺害犯罪）、②人道に対する犯罪、③戦争犯罪、④侵略犯罪と明記し、このうちジェノサイドの定義はジェノサイド条約を踏襲した。

設置にこぎつけたとはいえ国際刑事裁判所は多くの難問を抱えている。アメリカ合衆国が主権侵害を理由に同規程に参加せず、今にいたるまで国際刑事裁判所への非難を繰り返していること、それと同時に、裁判所設置を主導したはずのアフリカ諸国が、国際刑事裁判所のポストコロニアルな構図――従来、欧米諸国は訴追対象とはならず、裁かれるのはもっぱらアフリカ諸国の犯罪だったこと、しかも、多くはかつて植民地支配を行ったヨーロッパ諸国出身の判事が裁いていること――を批判して脱退の威嚇を繰り返していたこと、これらの点が後の行論にとって重要だろう。他方、ごく最近のロシアによるウクライナ侵攻とパレスチナ／イスラエルでの大量殺戮を契機に被疑者（ロシアのプーチン大統領やイスラエルのネタニヤフ首相ら）への逮捕状の発出が進んでおり、国際司法裁判所とともに国際刑事裁判所の存在感が高まっていることにも留意が必要である。

政治化される「ジェノサイド」

「ジェノサイド」概念は、二〇世紀の戦争と殺戮の経験を踏まえて国際法上のそれとして成立し、再発見されたものであるが、この語の孕む「民族皆殺し」というセンセーショナルな含意は司法の次元にとどまらない使われ方をもたらし、相当の効果を発揮してきた。そのことは冷戦後の中東欧や旧ソ連で特に著しい。

そもそもレムキンがこの概念を彫琢するにあたって、ナチによるユダヤ人迫害と並んで、若年時に発生したオスマン帝国におけるアルメニア人大量殺戮が多大のインパクトを与えたことが指摘されている。[10] だが、この殺戮をジェノサイドと認めるかどうかは、今も国際政治上の争点である。アルメニア人移民のアイデンティティ政治のなかで追求されたジェノサイド認定の要求は南北アメリカ諸国からヨーロッパへと拡延して、一九八七年には欧州議会がこれを認める決議を行った。[11] 各国でもさまざまの論戦を伴いながら、アルメニア人ジェノサイドの否認を法的に禁止する記憶法の制定が進んだ。他方、トルコ共和国は、アルメニア人殺害をジェノサイドと認めた諸国に外交圧力を加えるとともに、国内では対抗的な記憶立法を展開した。[12] ジェノサイドとして認定するかどうかは、国際司法の域をはるかに超えた政治的駆け引きの材料と化している。

「ホロドモール」つまり一九三二〜三三年のウクライナにおける人為的飢餓による大量死（実際はウクライナに限らずより広域で莫大な数の死者が出ている）をめぐる政治的動きも同様である。国際社会がホロドモールをジェノサイドと認知して告発・弾劾することを求めるウクライナ・ディアスポラの運動は、国際連合や欧州連合などの国際機関を動かしていった。この動きはソ連解体後のウクライナ本国に還流し、とりわけ二〇〇五年に就任したヴィクトル・ユーシチェンコ大統領はホロドモールを核とした歴史政策を展開して、スターリン主義によるウクライナ人ジェノサイドであることを内外に喧伝した。反ロシア的主張をまじえながら、その犠牲がホロコーストを凌駕するかのような言説も広まったし、国際的なジェノサイドの認知が自己目的化したかのようだった。アメリカ合衆国など少なくない数の国の政府・議会がこれをジェノサイドと認定する一方、スターリン主義による悲劇的犯罪であることを認めながらも、ジェノサイドと断定するのを避ける例もあった。二〇〇八年の欧州議会決議はホロドモールを「ウクライナ人民、そして人道に対する戦慄をもよおすような犯罪」としながらも、ジェノサイドと呼ぶことには慎重な態度をとったが、二〇二二年にはこれをジェノサイドとする新たな決議を採択した。[13] 厳密な法理の上に成り立つべき「ジェノサイド」概念が、政治的思惑により恣意的に利用され、それをめぐって国際社会が動揺する様子を確認することができる。

ソ連による「占領」（この語も戦争法上の概念というより政治的に使用されている）のもとで多数の住民のシベリア移住を強いられたバルト諸国も、ソ連による自国民への加害をジェノサイドとして告発し、賠償要求も含めてロシア連邦に責任を負わせることに熱心だった。リトアニアは、独立回復直後の一九九二年にジェノサイド関与者への刑事罰を加える法を制定したし、ソ連の抑圧・迫害を調査・検証する国家機関の名称には「リトアニア住民へのジェノサイド」という言葉が盛り込まれた。二〇〇〇年に前後して相次いで改正された三国の刑法はいずれも、ソ連による抑圧や体制犯罪をジェノサイドと規定する条項を含んでおり、実際、シベリア強制移住や反ソ抵抗運動の弾圧に関与した旧ソ連当局者の刑事訴追も進められた。リトアニア検察が、ゲットーを逃れてソ連のパルチザンに加わって戦い、のちにイスラエルに渡ってヤド・ヴァシェム（ホロコースト記念館）の館長を務めた人物を捜査対象に加えたことが発覚し、国際的憤激を買うという特異な事態さえ発生した。[14]

犠牲者性ナショナリズムと対抗言説

これらの事例に共通して確認されるのは、「犠牲者性《ヴィクティムフッド》ナショナリズム」（イム・ジヒョン）を喚起するために「ジェノサイド」が利用される局面である。中東欧諸国に限らず、外部からの不当な支配や抑圧体制を脱して新たな国家形成に向かった国々ではあまねく、過去の体制犯罪を告発して正義を復旧することが切実に希求されたし、それは実に正当な要求だった。だが、それが同時に、新たな国民的アイデンティティの核心に過去における自己の犠牲者性を据えて、英雄的な抵抗の物語と手を携えてナショナルな欲望へと人々を結集させる可能性を開いたのである。その際、「ジェノサイド」概念が民族や文化や宗教に基づく集団を単位としたことは、ことのほかうってつけだった。国民の物語に殉難の一章を書き加えて集合的記憶を操作し、心情的凝集性を高めるのはいとも容易だろう。

同時に犠牲者性ナショナリズムが、諸国民間で被害の質と量をめぐって競いあう衝動をかき立てていることも見逃せない。ホロコーストを凌駕するジェノサイドとしてのホロドモールというウクライナの一部で掲げられた主張はその好事例である。上述の事例がいずれも、すでに解体した旧体制の罪責をめぐって、強大で脅威となりうる隣国との穏当ならざる国際関係を想定しながら展開されていることも重要である。自国の犠牲者性に対する国際的同意の調達が、あたかも安全保障上の担保となるかのような発想である。それはまた、現代的に装いを改めた「勢力圏」をめぐる大国間の地政学的な思惑や鞘当てと不可分であることにも留意したい。アルメニア人虐殺をめぐる動きはトルコのＥＵ加盟問題とも深く連動していたし、ウクライナやバルト諸国の態度を、冷戦終結後のアメリカや

NATOの影響力拡大と切り離して考えることは難しい。

こうしたなか、ジェノサイドの罪責を負わされたロシアでは、「ジェノサイド」の対抗的使用が目につくようになっていた。二〇一四年のウクライナ危機を契機にプーチン大統領や政府高官がしばしば、ウクライナではロシア人へのジェノサイドが現在進行形だと発言し、ジャーナリストのなかにもこれに追随する例が散見されるようになった。同年五月にオデッサで発生した労働組合会館の火災によるロシア系住民の「惨殺」(真相は不明)を「西側が沈黙する、ウクライナにおけるロシア人ジェノサイド」と呼び[15]、公的場面でのロシア語使用を制約するバルト諸国やウクライナの言語法を「文化的ジェノサイド」とみなしたのがそれである。民族間対立を「ジェノサイド」の語のもとに回収して相互の敵対を煽る話法は、国際法上の概念としてのこの語の本来的な趣旨を大きく逸脱した濫用としか言いようがないが、国家間の敵対的感情が強まるなかでそのような用法が双方で広がったことは間違いない。ネット空間の粗野で無責任なことばの氾濫が、その種の用法をますます増長させているように見える。

3 「ジェノサイド」の忘却と隠蔽

「ジェノサイド」初見

筆者が初めて「ジェノサイド」の文字を目にしたのは、小学校低学年か中学年の頃、父親の書架にあった『ジェノサイド 民族みなごろし戦争』[16]という小さな書物の背表紙である。同書には「ベトナムにおけるアメリカの戦争犯罪と日本の協力・加担を告発する東京法廷」という副題がついていて、ヴェトナムで「アメリカ帝国主義」が繰り広げる残忍な侵略戦争を指す言葉だと合点がいった。筆者の記憶のなかで「ジェノサイド」は、なによりもアメリカの犯罪として刻み込まれていた。

戦争の残虐性については、やはり父親の書斎に置かれた何冊ものアルバムに貼られた被害者の写真や八ミリ記録映画『アメリカの戦争犯罪』[17]、そしていささか衝撃的だが、ボール爆弾の実物（もちろん不発弾）を通じて肌身に感じていた。ボール爆弾に埋め込まれたパチンコ玉より小さい無数の金属球が体内を貫通したらどんなに痛いだろう、というわけだ。それにしても、なぜそんな物騒なものが家の中にあったのか。実は、京都の労働者街でいわゆる無産者診療所の系譜を引き継ぐ小さな病院の町医者をしていた父は、「ベトナムにおける戦争犯罪調査日本委員会」が一九六七年夏に派遣した第二次調査団に加わってヴェトナムを訪れ、ボール爆弾やナパーム弾などの被害について医療面から調査・検証するとともに、同年八月末の東京法廷と呼ばれる民間法廷でその結果を口頭報告し、上掲の

『ジェノサイド 民族みなごろし戦争』にも寄稿していた。調べてみたら、英文抄訳が後述のラッセル法廷のプロシーディングズ[18]などに掲載され、最近ではそれがネット上でも公開されて何度も引用されているようだ。なお、調査団と東京法廷などをめぐる顚末については近年、アメリカ史研究者の藤本博が精力的な調査を行っている。[19]

日本における「ジェノサイド」受容とラッセル法廷

アメリカの犯罪を告発する言葉としての「ジェノサイド」は、むろんそれ以外の場でも確認できる。とりわけ目を引くのは、一九六〇年代の時代精神を代表する雑誌『世界』と『朝日ジャーナル』がともに、ジャン゠ポール・サルトルの「ジェノサイド」と題する記事を掲載したことである。[20]それぞれ内容は異なり、前者は、哲学者バートランド・ラッセルの呼びかけでストックホルムとコペンハーゲン近郊ロスキルドで開かれた国際民間法廷（ラッセル法廷、一九六七年五月二〜一〇日、一一月二〇〜一二月一日）のためにサルトルが書いた文章の翻訳、後者は、フランスの雑誌『ヌーヴェル・オプセルヴァトゥール』に掲載されたインタヴューを訳出したものである。前者でサルトルは、植民地戦争の歴史を回顧しながらその文脈でヴェトナム戦争の性格を捉えるとともに、植民地戦争が必然的にジェノサイドたらざるをえないことを指摘して、「実はジェノサイドは抑圧者に対して決起する一民族全体に対する唯一、可能な対抗策なのです」と述べていた。法廷は、「合衆国政府は、ベトナム人民にたいするジェノサイドにつき有罪であるか？」との設問に、「有罪である。全員一致」と表明しており[21]、サルトルの文章は裁判長として記した「判決理由」だった。通念的には「ジェノサイド」の罪は一九九〇年代まで裁かれなかったとされるが（前節では意図してそれを踏襲した）、それよりも四半世紀以上も前にすでに「判決」は下されていた。裁かれたのはアメリカ合衆国だった。

ここで「判決」が下されたと言ったのは、もとより道徳的で象徴的な意味においてである。国家間合意で設けられた正統な国際法廷による判決ではなかったし、それゆえ強制力を持ちえない文書にそれ以上を読み取るのは的外れである。しかし、民間法廷とはいえラッセル法廷は、司法手続き上の公正さや厳密さを重んじていた。世界中から多くの専門家の参加を募り、日本を含む各国調査団による現地調査結果を参照し、元米兵を含む数多くの証人や被害者による証言を得るための努力も重ねられた。しばらく前に公開された夥しい数の秘密報告からは、ＣＩＡがラッセル法廷の動向に神経を尖らせて、各国の関連する運動を監視していたことがわかるが[22]、冷戦下の思考様式と対立構図が法廷の意識に強く反映していたことは否定できないとはいえ、たんなるプロパガンダ的な反米政治集会のごとくに捉えるならば、それは失当だろう。法律家も参加した丁寧な手続きを踏まえて「判決」は下されたのだ。その判断がほぼ同時に日本社会で共有されただけでなく、より主体的な貢献があったことを確認しておきたい。

しかるに問題は、半世紀以上前のこの出来事が、久しく忘却されてきたということである[23]。忘却がいつどのように進んだのかを丁寧に確認する余裕はないが、実例は容易に示すことができる。二〇一一年刊行の『ジェノサイドと現代世界[24]』と題した書物ではヴェトナム戦争をジェノサイドと捉える観点は欠落し、主題的にこれを扱った章もない。研究史や植民地主義問題を扱った諸章でも、上掲の『ジェノサイド 民族みなごろし戦争』（同書が書名にジェノサイドと冠した日本語初の書物であることは、CiNiiで検索すればすぐにわかる）はおろか、ラッセル法廷とサルトルの「ジェノサイド」さえ一顧だにされていない。一九八〇年代初頭にクーパーが、つねにサルトルを意識しながらみずからのジェノサイド論を構築したのとは対照的である。[25] もとより、法廷の結論に賛同するかどうかは深い議論を要する。純粋に法的観点からヴェトナム戦争におけるアメリカの犯罪性を厳しく糾問したアメリカ国際法学会の論集でも、ジェノサイドへの言及はごく限定的である。[26] しかし、はるかに広い視野を標榜してジェノサイドを論じた後代の書物の研究史がこれを無視するのは不可解きわまりない。他方、日本のサルトル研究はラッセル法廷における彼の活動を忘れていない。二〇世紀最後の年に刊行されたサルトルの論文集には、ラッセル法廷の「開廷の辞」と「ジェノサイド」が掲載されている。[27] この対照は一考に値する。そこからは、ジェノサイド研究者の視野を遮る何がしかの道具立てが見出せるはずである。

「ジェノサイド・スタディーズ」とヴェトナムの隠蔽

『ジェノサイドと現代世界』に関わった方々の名誉のために述べておくならば、欧米の「ジェノサイド・スタディーズ」では久しく、ヴェトナム戦争とラッセル法廷、そしてサルトルの「判決理由」を視野の外に置くのが国際標準だった。その好事例は、ジェノサイド研究の主導的研究者であるダーク・モーゼスが編纂した六巻本の選文集[28]に見出すことができる。一般理論と研究史を扱う巻に始まり、巻を追って先史時代からチェチェン戦争にいたる広範囲を扱った分厚い六冊のなかに、ヴェトナム戦争とラッセル法廷を主題的に扱う論文は一篇も掲載されていないのである。植民地主義問題がシリーズ全体を律する最重要な観点とされているにもかかわらず、サルトルの「ジェノサイド」は収録されなかったのだ。なぜか、「ジンギスカン」と題した論文は含まれているにもかかわらず……。

もとより、編者がサルトルを知らぬはずはない。実際、序言冒頭には「ジャン＝ポール・サルトルの、ヴェトナムにおける合衆国の戦争への痛罵」という言葉がある。一九七〇年代以前に、「持論に注目を引きよせ、反対者を非難し、あるいはたんに目撃した大量殺戮の恐怖を表明するためにジェノサイドを引き合いに出した」民族運動家や知識人やジャーナリストを列挙するなかでの言及である。[29]これら「ためにする」議論とは一線を画して、真面目で本格的な「ジェノサイド・スタディーズ」が開始されたのは、一九七〇年代から八〇年代のアメリカの社会科学者たちの努力によるというのが、そこに描かれた研究史像である。一九七〇年代、アメリカがヴェトナム症候群に苦しんだこととあわせて、「ジェノサイド」概念とホロコーストの深いつながりも想起するならば、この時期に進んだ「ホロコーストのアメリカ化」がこの学問分野の性格を大きく規定したということなのかもしれない。だが、それは別途、本腰入れて論ずべきテーマだろう。

「ジェノサイド・スタディーズ」におけるヴェトナムの忘却ないし隠蔽は、それ以外にも多くのところで確認できる。同じくモーゼスらが編者を務めたハンドブックに実存哲学者としてのサルトルは登場するが、裁判長としての姿はない。[30]索引にはバートランド・ラッセルも、その名を冠した法廷も見つからない。ラウトレッジ社のジェノサイド通史も同様だ[31]。この間何点か編まれたジェノサイドに関する英文の百科事典類でも、関連項目を見出すのは困難だ。かろうじて、日本ではソンミ村事件として知られるアメリカ軍兵士による虐殺事件（ミライ事件）について言及したものがあるが[32]、その扱いはごく断片的だ。「強制収容所」の項目にヴェトナム戦争に関するごく短い記述もあって、アメリカ軍が南ヴェトナムに設けた「戦略村」、つまり農村住民を囲い込んだ強制収容施設に言及したのかと思いきや、その「期待」はみごとに裏切られた。共産主義者が反対派を閉じ込めた収容所に言及したもので、米軍の所業は完全に黙殺されていた。いずれの場合も、カンボジアのポル・ポト政権による虐殺にはおおいに注目しながら、その直前に間近で起こった大量殺戮に無関心というのも解せない話だ。扱いにおける非対称性は、あまりに露骨だと言わなければならない。そうしたなかでダン・ストーン編の研究史は、サルトルの「ジェノサイド」に立ち入った検討を加えた点で例外をなすが、そこでもヴェトナム戦争それ自体への言及は控えめだ[33]。

「ジェノサイド・スタディーズ」に広く見られる忘却と隠蔽の構図は何に起因するものなのか、今の筆者には確定的なことは言えない。ヴェトナム症候群から十余年を隔てて、冷戦の勝者としてユーフォリアに酔いしれたアメリカの気分がそこに反映したのかもしれない。そのなかで隠蔽され合理化された暴力の数々を描き出したのは、ジョン・ダワーの『アメリカ 暴力の世紀[34]』である。ジェノサイド・スタディーズでは、冷戦後に息を吹き返した「二つの全体主義」論をプロットとするものも多く、そのことが全体主義的・権威主義的とみなされる体制以外（つまり西側の「自由民主主義」諸国）への着眼を妨げている可能性もある。これは、植民地主義の過去に鈍感な西欧・アメリカの自己愛的歴史像とも関係していよう。

戦後に統一されたヴェトナム国家が、戦時下のように自国の犠牲者性を喧伝することには自制的になり、むしろ顕在化を回避する方針を取っていることも考慮されなければならないだろう。ヴェトナム戦争下の韓国軍による残虐行為の記憶を扱った伊藤正子の著書がそのことを示唆している[35]。犠牲者が黙する以上、第三者や加害者が同情や慚愧の念から口を開くのを期待するのは難しい。か細い声をあげても見過ごされることもあろう。朝鮮戦争に前後する時期の残虐行為（済州島四・三事件や老斤里の虐殺など）は、韓国や日本で一定の注目を集めてきたが、先の選文集はこれらにもおよそ無関心のようだ。

こうして、さまざまな要因が重なるなかで「ジェノサイド・スタディーズ」にはある種の思考の型と論述の枠が構築され、枠から外れるものは検証と叙述から排除されてきたように思える。言うまでもなくその型とは、まずはレムキンから説き起こし、カンボジアのポル・ポト政権を含む「二つの全体主義」の蛮行に多くの紙幅を割いたうえで、突然、旧ユーゴスラヴィアとルワンダに飛躍するとともに、一方ではアルメニア人虐殺からさらにそれ以前の大量殺戮に遡及的にこの概念を適用し、他方で、アフリカを中心に現在進行形の大量殺戮や人権侵害の事例を列挙するというものである。問われているのは、その型と枠を容認し共有するのかどうかである。しばらく前にアフリカ諸国が国際刑事裁判所に批判的になり、時には拒絶の態度を取ろうとしたことを先に指摘したが、そこで問題化させられたポストコロニアルな状況と「ジェノサイド・スタディーズ」の語り口はおそらく無縁ではなかっただろう。アメリカが一貫して国際刑事裁判所に敵対的であり、同時に、ヴェトナムにおけるアメリカの犯罪が隠蔽されてきたこととの間にも偶然以上の関係がありそうだ。

それでも近年のジェノサイド・スタディーズでは、植民地責任を含めて西側諸国のジェノサイドを追及する例が目立つようになってきた。たとえば、ジェフリー・バフマンはジェノサイドの定義の見直しを提唱するのとあわせて、合衆国によるジェノサイドを見逃してきた研究史を批判した(36)。植民地ジェノサイドとホロコーストの関係という難しい問題も、しばらく前からジェノサイド・スタディーズの核心的主題となってきた(37)。かのダーク・モーゼスも近著では、「ジェノサイドを語ることが、イデオロギー的には西側諸国を含む政府によって犯される民間人への系統的暴力から注意を逸らす機能を果たしている(38)」とまで述べ、ヴェトナム戦争に関するサルトルの言説にも検討を加えながら、ジェノサイド概念の使用に潜むミスリーディングで隠蔽的な機能を厳しく指弾するようになっている。このことは、第7章で言及するモーゼスの「ドイツ・カテキズム」批判と通底する。冒頭でも述べたとおり、二〇二三年を転換点として法的概念としてのジェノサイドをめぐる局面は激変したが、日本の学界や論壇でもそのことも踏まえた理論的な見直しが要請されるはずである。

「ジェノサイド」はいかに語りうるのか

実のところ筆者は、ヴェトナム戦争を「ジェノサイド」と規定してアメリカを裁くことには懐疑的である。子どもの時からアメリカの行う戦争の非道を長く信じて疑わなかったが、国際法上の厳密な意味で「ジェノサイド」と呼ぶことに妥当性があるのかというと、それはたぶん違うように思う。といって、「ジェノサイド・スタディーズ」が長くヴェトナム戦争を排除してきたのを許容するのかと聞かれれば、それも違うだろう。筆者の抱く違和感はもう少し別の次元にあった。「ジェノサイド」という言葉にまとわりついたいかがわしさである。

もとより、「ジェノサイド」という言葉が彫琢されて、二〇世紀の悲劇的経験を告発する足場が得られたことの意義はおおいに認められるべきものだ。莫大な数の人々の生命が瞬時に抹殺される現場に世界の注意を向けさせる際に、この言葉が発揮する圧倒的な喚起力と訴求力を軽んずることはできない。実際、CIA秘密報告も「ジェノサイド」というレッテルを貼られることを気にしていたようだ(39)。

だが、「ジェノサイド」概念が制度化され、司法を超えて政治の言葉として定着させられた時にどれほど異様な状況が現出しただろうか。国家は、法的な厳密さを脇に追いやって、「犠牲者性ナショナリズム」を喚起し国際社会の承認を調達するためにこれを濫用し、そのことが新たな緊張を惹起してしまっていた。人々は、この言葉とともに構築される想像空間を疑似的現実として経験し、ゲーム化して消費することに快楽を見出してしまったかのようでもあった。そこでは、戦争や暴力のもたらす傷の生々しさは希薄化され、実際の犠牲者一人ひとりの痛みや悲しみは置き去りにされたかのようだ。その延長線上に登場したのが、親衛隊のコスプレに興じるポーランド人という倒錯のような気がしてならない。

司法の言葉としての「ジェノサイド」に疑義が提出されていることも重要だ。しばしば「ジェノサイド」は「人道に対する犯罪」や「戦争犯罪」と重なり連続する、互換性のあるもののように観念されてきた。だが、「ジェノサイド」と「人道に対する犯罪」は原理的に対立しニュルンベルク裁判における法理の構築に際して競合したことが、国際法学者のフィリップ・サンズによって指摘されている。(40)そこで問われたのは、集団を単位とする個別主義的対応と、個人を単位とする普遍主義的対応との選択の問題である。当時すでに、「ジェノサイド」という個別主義的カテゴリーが、「彼ら」と「我ら」という集団的アイデンティティ感情を過剰に亢進させ、集団間対立を惹起し激化させることへの警鐘が鳴らされていた、というのである。これはまさに、今日、私たちが「ジェノサイド」概念の政治的使用において目撃していることへの洞察だったのではないのか。現代世界を記述する言葉に孕まれたこの緊張にどれほど鋭敏でありうるのか、そのことが日々の語りの実践のなかで問われているのだろう。

補論1　ジェノサイドと人道に対する罪

——『ニュルンベルク合流』を読む——

国際刑事裁判所に関するローマ規程（一九九八年採択、二〇〇二年発効）の第五条第一項は裁判所の管轄権を集団殺害犯罪（The Crime of Genocide）、人道に対する犯罪（Crimes against Humanity）、戦争犯罪（War Crimes）、侵略犯罪（The Crime of Aggression）に限定することを定め、第六条から第八条にかけて前三者の定義を示している（侵略犯罪は制定時に定義を与えられていない）。それによれば、集団殺害《ジェノサイド》とは「国民的、民族的、人種的又は宗教的な集団の全部または一部に対し、その集団自体を破壊する意図」のもとでなされる五つの行為を指し、他方、人道に対する犯罪とは、「文民たる住民に対する攻撃であって広範又は組織的なものの一部として、そのような攻撃であると認識しつつ」行われる一連の行為である。定義上、ジェノサイドと人道に対する罪は「集団自体を破壊する意図」の有無で区別され、具体的行為ではかなり重複するように見える。これらふたつのうちジェノサイドがラファエル・レムキンによって考案され、発足後まもない国際連合が一九四八年の第三回総会で採択した「集団殺害罪の防止及び処罰に関する条約」（通称ジェノサイド条約）により国際法上の犯罪とされたこと、他方、人道に対する犯罪は、第二次世界大戦時のドイツの戦争犯罪人を裁く国際軍事裁判（ニュルンベルク裁判）のために新たに編み出され、ゲーリングら被告の多くがこれにより有罪とされ処刑されたことは公知に属する。

だが、ナチ犯罪を両概念のいずれで裁くのかがニュルンベルク裁判の隠された争点だったことについて、ウィリアム・シャバスに依拠した前田朗の『ジェノサイド論』が多少示唆するものの[1]、ともに同裁判を扱うドイツ史の専門家による近年のふたつの著作[2]は何も語っておらず、現在の国際刑事裁判所まで連なるふたつの概念の生成と展開についてはあまり知ることができずにいた。しかるに、邦訳で『ニュルンベルク合流』と題された、国際法を専門とするフィリップ・サンズによる著作[3]の骨格は、ニュルンベルクを舞台として両概念がどのようにせめぎ合ったのかを詳しく伝えることにあり、これにより初めて、ローマ規程に行儀よく併記されたふたつの犯罪がいかなる含意をもち、どう関係するのかを詳しく知ることができるようになった。この書物では、ともに国際法廷の場でナチの残虐行為を裁くことを目指して考案されながら、特定集団に対する犯罪とするのか個人へのそれとして扱うのかという原理的次元で両者は決定的に対立し、訴因としての採用をめぐる息を呑むような駆け引きのあったことが活写されるとともに、集団感情の亢進による紛争化への危惧など、ジェノサイド概念の危うさが当時すでに懸念されていたことが看取されるのである。そのことを知るだけでも一読する価値は十分ある。

だが、この本の意味をニュルンベルクを舞台とした国際法上の争点に還元するのでは、著者のファミリー・ヒストリーをはじめ複数のプロットと登場人物が複雑に絡まる類い稀な書物の紹介としてあまりに味気なく、真価を捉えるのには程遠い。その醍醐味は、一方の極に国際法の理論と実践に関わる思想的営為や現代の戦争と残虐行為をめぐる反省的思考を据え、他方の極には、なんらかの意味でニュルンベルクに関係した者とその家族それぞれのセクシュアリティや情事や我欲に駆られた諍いも含む人生の行程を置いて、両極間の目が眩むほど入り組んだ事件と人々の接点と人間像とを、入念な史料探索とインタヴューと想像力の飛翔を通じて撚りあわせ、ノンフィクションの物語として描いた点にある。厖大な裁判記録や国際法理論が彫琢される際の書物やマニュスクリプトを丹念に読み解く一方、残された古写真を手がかりに昔の電話帳を繰り、SNS上の探索を重ね、各地の文書館で記録を渉猟し、私立探偵（?）の手さえ借りて一つひとつの事実を見出していく。生存者や縁者を探り当てると躊躇うことなく電話をかけ、メールを書き、時には大洋を越えて出向いて直接話を聞く。血縁の有無を確認するためのDNA検査さえ厭わない。こうした執拗を極めた作業を通じて、ごく微細な断片が無数に拾い集められ、大胆な構想力の助けを得て壮大な大河小説のような作品が生み出されたのである。数え切れぬほどの事実と解釈が接続され、併進する諸事件の共時性と相互の連関が提示されることにより、歴史記述としての魅力がいや増すだけではない。「正確さ」に拘泥し微細な過誤の摘発に意気盛んな「歴史」研究者には許し難いだろうが、史料的裏付けなど土台無理な場面でも想像を織り交ぜた大胆な情景描写を重ねており、そのことが物語的な成熟をもたらしている。著者が国際法学者であるのと同時に、イギリス・ペンクラブ会長を務めたことも想起しておこう。

さて、原題の *East West Street* に込められた意味の深みを考えたとき、邦題『ニュルンベルク合流』はいささかミスリーディングである。この書の主人公たるジェノサイド概念の考案者レムキンと、人道に対する罪の提唱者である国際法学者ハーシュ・ラウターパクト（彼は著者サンズの恩師の父親）は、ともに奇遇にも東欧ガリツィアのレンベルク（ドイツ語）／ルヴフ（ポーランド語）／ルヴォフ（ロシア語）／リヴィウ（ウクライナ語）に根のあるユダヤ人で、ナチの抑圧を前に故郷を離れて西への遍歴を経たのち、他方の主役、ナチの指導者としてリヴィウを含む東部に君臨したハンス・フランクとニュルンベルクで邂逅するという数奇な足取りをたどっていた。同じくリヴィウ出身の著者の祖父レオンとその家族の辛く悲しい道のりがこれら複数の流れの上にかぶさる。そもそも物語は、ロンドンの教授である著者が招聘されてリヴィウで行った、ジェノサイドと人道に対する罪に関する講演の場から幕を開けており、著者自身が「五番目の主人公」としてこの街を名指していた。私たちは、野村真理の『ガリツィアのユダヤ人』からユダヤ人を絶滅に追い込むガリツィアの民族間関係を学んできたが、[4] 実際のところ『ニュルンベルク合流』は、主役たちとその家族の記録を通じて、その場に生き、西へと脱出し、あるいはその場で命を落とした人々の運命を襞の奥深くに分け入って教えてくれるのであって、すべてがニュルンベルクに収斂する物語というわけではない。西に赴いたレムキンとラウターパクトが思索と苦闘を繰り広げ、同じく逃避行を生き抜いたレオンの孫が現代の国際法学界をリードする学者として東に立ち戻った事実にはたんなる偶然を超えた力を感じるが、同じく東に根を持ち西で活躍したエリック・ホブズボームやトニー・ジャットらとの符合にも思いを馳せると、ヨーロッパの東西を駆け抜けるこれらユダヤ系知識人の構想力の強靭さに思い至らざるをえない。

最後に、この書の深部を貫く最重要なモチーフである個人と集団について。ニュルンベルクにおける法理の最大の争点がここにあると著者が主張していることはすでに触れた。ルワンダやユーゴスラヴィアの国際司法に携わる法実務家でもあった著者は、「個人の殺害」と「集団の殺戮／殲滅」に悪質度における落差を認める風潮に疑義を呈し、最終判断は回避しながらも、「ジェノサイドという言葉が勢いを増し」、「集団の保護の方が個人の保護よりも上位に位置づけられ」ることで、ラウターパクトの危惧通りに犠牲者間の序列化が進み抗争が生じかねない事態に警鐘を鳴らしている[5]。この危惧は、第一次世界大戦後のポーランドに国際連盟が押しつけたマイノリティ保護条約の帰趨、より端的にその失敗により祖父母が体験した事態とも結びついたものであろう。特定集団の保護を掲げた立法がはたしてその実質を備えうるのか、実に悩ましい。

だが、個人と集団をめぐる著者の言及は、ニュルンベルクで相争ったふたつの概念の域を超えて、社会と人間のあり方の総体にまで広がる。上述の第一次大戦後のマイノリティ保護の有効性の問題（冷戦後のヨーロッパでマイノリティ保護が国際政治上のアジェンダとなったことを想起せよ）や、神と個人との関係としての救済と近代における個人のあり方をはじめとして、行論上には個人と集団、それぞれの権利と責任とを多方面から問う言葉が散りばめられている。これは偶然ではない。ニュルンベルクで密かに提議された主題は、権利と尊厳の主体の所在という原理的問いを孕むからである。普遍主義が後退する一方、帰属とアイデンティティの政治が亢進し、個人の個人たる所以が足元から揺らぐ現状も関係していよう。この問いかけにどう応えうるかは学問の総体、そして私たち一人ひとりに突きつけられた難問である。エピローグからは、著者自身この問いを考えあぐね確たる結論を提示できずにいるように見受けられるが、それはまた私たち自身の姿でもある。これまで歴史学は、個人もまた歴史的構築物であることを論じてきたが、その尊厳が眼前で崩れ落ちようとする場に居合わせていかなる言葉を発しうるのだろうか。考え続けるべき問題であろう。

第5章　アウシュヴィッツを中東欧の大地に連れ戻す

――ティモシー・スナイダーと『ブラッドランズ』――

二〇一二年の初夏、十数年来の友人であるボリス・ラヴディンとともに、ラトヴィアで開設されてまもないリーガ・ゲットー博物館に足を運んだ。ダウガヴァ川沿いのモスクワ通りに面した小さな施設は、博物館とは名ばかりで本格的展示はほとんどなく、犠牲者の名を記した「記憶の壁」だけが過去の重みを背負っていた。おもむろにボリスが指さした上部に目を凝らすと、そこにはRawdinという綴りの男女の名前が記されていた。「祖父と祖母だよ」と語る、野太いけれども穏やかな声が聞こえた。一呼吸おいて、両親はどうされていたのかと尋ねると、「父は赤軍で戦っていた」と答えてくれた。ボリスがまだ物心つく以前のことだ。近くのカフェに立ち寄ってビールのグラスを傾け、過去を記憶することと忘却することについて、少しだけ言葉を交わした。この日、歴史が現実に反転した。

翌夏もボリスとともにリーガ郊外のサラスピルス収容所跡、ルムブラの森、ビチェルニェケの森を訪れた。ソ連時代に建立されたサラスピルスの巨大な記念像のアンサンブルと、新たに整備されたふたつの森のメモリアルの印象はあまりにも異なっていた。だが、いずれもあたりに人影はなく、耳に入るのは少し離れた街道を走る車のかすかな音のみ、雑踏とは無縁の静寂だった。ビチェルニェケで射殺された犠牲者の移送元の都市名が刻まれたメモリアルから森の奥深くに分け入ると、殺害現場であり集合墓ともなったピットの跡だろうか、四角いコンクリート囲いが数多く残されていた。ダビデの星と十字架のいずれかを刻んだ無骨な角柱が、その場で誰が命を落としたのかを示していた。

市内に戻って訪れた小さな新しい博物館では、多くはないが見学者の姿がとぎれることはなかった。ユダヤ人を匿った功績により、ヤド・ヴァシェムから「諸国民のなかの正義の人」に列聖されたリプケ夫妻のための「記憶の場」である。入口で愛想よく挨拶する老人は元首相だった。案内してくれた若い女性は、「ホロコーストに協力したラトヴィア人の残虐さばかりが語られるので、この博物館を設けることになりました」と、想起されるべき正体を屈託なく語った。

二〇一四年の晩夏には、エストニア北部のクローガ強制収容所跡を訪ねてから、ポーランドに飛んだ。クローガでは、おりからの悪天候もあって同行者以外の姿はなかった。一帯を歩きまわったワルシャワ・ゲットー跡は、開設直前のユダヤ史博物館周辺以外のほとんどが大都会の喧騒に埋もれていた。翌日、ポーランド国鉄のルブリン駅前からトロリーバスで向かったマイダネク収容所跡前で下車したのは一人だけだった。大きく広がる敷地は、落ち着きの悪い巨大な記念碑、監視塔と鉄条網、そしていくつかのバラックやガス室が再現されているだけで訪問者の姿は乏しく、あたりを静けさが支配していた。かつてバラックが軒を連ねたはずの荒れ野にひっそり咲く白い花が、張り詰めた空気を緩めてくれた。

数日後の朝早く、「アウシュヴィッツ!?」と叫ぶ客引きのタクシー運転手を振りきって、クラクフ駅前のバスターミナルからオシフィエンツィムに向かった。乗ったのは地域住民が利用する路線バスで、終点のアウシュヴィッツ博物館前までこのバスを利用した乗客は多くはなかった。だが、博物館周辺は大型観光バスで到着した見学客でごった返し、いくつもの言語がとびかっていた。個人の単独による入場は、夕方になって団体客が去るまでは認められず、見知らぬ人々のグループに埋没して、ガイドとともに決められた時間・順序で見学する以外のオプションはなかった。行きかう人々のふりまく異様に明るい喧騒と興奮も耐え難かったが、計画的・合理的な管理の手法にも困惑させられた。結局、入場口の直前で踵を返し、逃げ出さんばかりにビルケナウ行きのシャトルバスに飛び乗った。得体のしれない巨大なエネルギーの塊にはじき飛ばされたようだった。

数時間後には博物館見学を終えた人々が押しよせただけかもしれないが、その時はまだビルケナウには静けさがあった。シンボル的なレンガ造りの監視塔の門をくぐると、有刺鉄線を張りめぐらし煙突の残骸が林立する無機質の空間に、生い茂る雑草の緑がかろうじて生命を与えていた。保存された鉄道引き込み線に沿って終着点まで直行するのが順当なのだろうが、それは避けて右側にぐるりと回りこみ、鉄条網をたどってずいぶん歩いた。何を考えたのかはあまり覚えていないが、ここでは静かに物思いに耽ることができた。

ビルケナウを後にして、オシフィエンツィムの街外れにある鉄道駅に向かった。ここも人影はほとんどなかった。駅舎の壁面に掲げられた巨大な横断幕には、赤瓦の屋根と教会の尖塔と緑の木々の美しい旧市街の全景が描かれ、「平和都市オシフィエンツィム」と添えられていた。HISTORYというロゴを付された写真は一三世紀に建立された丘の上の城であり、CULTUREとして示されたのは、楽しげにフォークギターとトランペットを奏でる街の人々である。駅前の薄汚れた小さな店でひととき休みながら、アウシュヴィッツとオシフィエンツィムはまったく別ものだと悟った。アウシュヴィッツ博物館を見学することは、その土地からは完全に遮断されているように見えた。

乏しい（しかも逃げ出してきた）経験にたよった即断は厳に戒められねばなるまい。だが、アウシュヴィッツ博物館入口の雑踏と喧騒は、それまでに訪ねた「記憶の場」の風景とは似ても似つかなかった。その落差ゆえにアウシュヴィッツはまるで、巧みな屈折と分光、局所的な拡大と輝度調節を施された図像のように思われた。それを虚像と呼ぶことはできないし、「ホロコースト産業」のようなぞんざいな言葉で片づけてよいはずもない。それにもかかわらずアウシュヴィッツは、ルムブラやビチェルニェケの森、リーガとワルシャワのゲットー、マイダネク、そして博物館自体の所在する街やそこに暮らす人々と交わるところの乏しい、「特権」化され抽象化された場のように見えた。その抽象性は、本来埋め込まれていた文脈から乖離させられ、記号としてのみ純化され、歴史の具体から遠ざけられたことに由来するもののように思えた。

アウシュヴィッツは、ポーランドと中東欧に暮らしてきた人々の踏みしめる大地に、彼ら彼女らが呼吸する空気のなかに、その場で命を落としあるいは生還した人々の時間と空間のなかに連れ戻されなければならない。もともとの脈絡のなかで周囲の世界や出来事との意味連関を回復されなければならない。さまざまの真情と思惑と誤解によって造形され、固定され、無造作に消費されてきた抽象的な集合的記憶に留めるのではなく、いまいちど歴史の現場へと差し戻されなければならない。『ブラッドランヅ』[1]と続編（あるいは周到な再論）である『ブラック・アース』[2]を通じてティモシー・スナイダーが試みたのは、そうしたことだった。その試みは、読むことを放棄したくなるほど凄惨で込み入った叙述として果たされた。記号化された単一の超絶的な悪を措定し、そこにすべてを押し込めることで安堵できたはずの過去が、眼前に回帰させられた。

*

スナイダーによれば『ブラッドランヅ』は、現在のポーランド・ウクライナ・ベラルーシ・バルト諸国などにまたがる地域を舞台とした、「政治的大量殺戮の歴史」である。著者がブラッドランヅと命名したこの地域は、そのまま第二次世界大戦の激戦の舞台だったとはいえ、作戦行動や戦闘行為による直接の犠牲者を描くことはこの書物のめざすところではなかった。戦中の軍事行動による戦闘員・民間人の死者は、著者が執拗に記録し続ける大量殺戮による犠牲者の総和、累積で一四〇〇万という気の遠くなるような数字には含まれず、それより二〇〇万も少ないという。むろん一二〇〇万という数字は黙過しえないし、著者自身、その重みに注意を促している。それにもかかわらず著者の意図は、直接には戦争を原因としない莫大な数の死者の存在をひとつの問題系として提示することにあった。そこで描かれたスターリン体制による殺戮は、一九三〇年代前半のウクライナの大飢餓に始まり、大粛清とグラーグ、独ソ秘密合意で併合された新領土での抑圧やシベリア・中央アジアへの強制移住、とりわけカティンその他の場でのポーランド人を対象とした殺戮の数々である。他方、ナチ・ドイツのそれは、開戦後まもなく明らかになった独ソ戦の失敗を契機に「絶滅」政策に転じたユダヤ人問題の「最終解決」としてのホロコーストはもとより、これに比肩しうる規模の赤軍兵士やレニングラード市民への人為的飢餓殺害などの残虐行為である。さらに、スターリングラードを転機とする赤軍による反転攻勢とドイツ進攻のなかで繰り返された蛮行と赤軍に黙殺されたワルシャワ蜂起時の犠牲も、「政治的大量殺戮」に含めて記録されている。これらの殺戮の叙述を通じて、ユダヤ人と並んでポーランド人が多大の犠牲を払った事実が浮き彫りにされたが、この指摘がヨーロッパにおける第二次世界大戦の通俗的イメージを塗り替えることは間違いない。そこからは、たんなる共時性にとどまらない、ふたつの体制の相互の連鎖と助長、殺戮の論理や手法の継受と模倣による犠牲の拡大の様相が確認されるだろう。「政治的大量殺戮」は、ヒトラーとスターリンの「あいだ（between）」にある相互作用の磁場のなかで生起させられ、加速され、拡大された連続体なのである。同時に、そうした数量的なマクロの叙述とあわせて、人々が不条理に命を奪われる光景と、道理なき暴力と殺人に手を染める人々の姿が、固有名詞とともに累々と積み上げられた点も重要だ。「大量殺戮」は数的処理に還元しえない、一人ひとりの個人としての人生に加えられた暴力であることを忘れてはならないというメッセージは、戦争と大量殺戮を論ずる際に片時も手放してはならない戒めである。

もとより、戦時下の正規軍とこれに準ずる武装勢力も「政治的大量殺戮」に加担し、その犠牲者が相当数にのぼった以上、戦争犠牲者と「政治的大量殺戮」犠牲者との線引きは難しい。スナイダーが「政治的大量殺戮」の連鎖上に位置づけるナチによるソ連軍捕虜の餓死は、そのような把握の可能性があるにせよ、捕虜への人道的処遇を定めた国際戦争法違反の戦争犯罪としても捉えられるべきものだ。[3] ドイツ軍による長期に及ぶ包囲下にあったレニングラード市民の餓死も、これを政治的殺戮として戦争犠牲者の範疇から引き剝がすことにはためらいを感じる。犯罪の定義と分類、実際的適用は、罪責追及と賠償という法的問題に直結し、犠牲者の事後的処遇をも左右するからである。このような留保の必要を思うのは、第二次世界大戦を契機に「人道に対する罪」などの新たな法的範疇が生み出される一方、実際の適用に際しては政治的意図による限定や曖昧さがつきまとったことと関連する。[4]

それにもかかわらず、スナイダーは両者の峻別にこだわっている。戦争とホロコーストに塗りつぶされて後景に退けられてきた莫大な数の犠牲者にしかるべき居場所を与え、そのような殺戮が発生した場の構図を的確に捉えたいと考えるからである。開戦前と戦時下を貫通してこの地域で発生した死の多くは、戦争との重なりあいにもかかわらず、両体制による連続的な政治的故殺の系において把捉されるべきであり、「政治的大量殺戮」をもたらしたふたつの体制の相互作用と共犯関係こそが問われるべきだということ（第三のアクターとしての日本が強く意識されている点も重要だが、いまは踏み込む余裕はない）、そして独ソ戦自体がそのような磁場のもとに発生した戦争であったということ、著者が読者に提示するのはこのような理解である。

*

『ブラッドランヅ』の最大の挑戦と「功績」は、これまで営々と構築されてきたホロコーストをめぐる定式と叙述の枠組みを粉砕し、文字通りこれに修正を加えたことである。その意味でこの書は、今日もっとも影響力のある「歴史修正主義」の著作と呼べるかもしれない。歴史家論争でドイツ論壇が騒然とした一九八〇年代の基準からは、間違いなくそうである。実際、とても目を通せぬほど多く出された書評のなかには、これを「最良の種類の修正主義の歴史」と呼んだ例もあるという。(5)「スターリン主義のテロルの記憶がホロコーストの記憶を相対化することは許されない」というのが、歴史家論争を通じて確立された修正主義批判の公準だとすると、スナイダーはこの公準を軽々と乗り越えている。対比による相対化どころか、連続性と一体性を繰り返し力説し例証していることは、アライダ・アスマンらが最近提唱するようになった、「ホロコーストの記憶がスターリン主義のテロルを矮小化することは許されない(6)」とする第二の公準からも大きく踏み出している。ある評者は、「二〇年前であれば、国民社会主義の殺戮という暴虐とボリシェヴィキの残虐行為をひとつの歴史のなかで結びつけることなど考えられなかっただろう(7)」と、感慨を込めて語った。

スナイダーがこれほど野心的で危険な挑戦に踏み込んだのはなぜか。示唆的なのは、スナイダーを聞き手に編まれたトニー・ジャットの遺著『二〇世紀を考える』における、ホロコーストと第二次世界大戦の犠牲についての語りの経時的変容をめぐるやりとりである。[8] 機微に触れる論点が編みあげられて輻輳するふたりのやりとりから意味を読み取る作業は、別途、慎重になされるべきだろうが、ここでは、一九八九年の東欧革命以降の一〇年間に世界規模で前景化された「犠牲者性」をめぐる歴史的・政治的論争と、そこでの「真実」をめぐる政治的争奪戦に関する指摘が重要である。みずからの苦しみを極大化し他者のそれを最小化しようとする衝動の、ドイツを含む中東欧各地での噴出によってすでに、唯一無二の悪業としてのホロコースト（とアウシュヴィッツ）の特権的地位は揺らいでいたというのがその要点である。それゆえ、ホロコーストを時間的・空間的な文脈に連れ戻し、広大な地域で多様な人々の体験したそれぞれ異なる苦しみと不条理の布置や構造を一望する作業が要請されるのは必然であった。[9] スナイダーはパンドラの箱をこじ開けたのではなく、東欧革命とソ連解体を契機に吹き出した災いの記憶を、彼なりのやり方で整序したにすぎないのだ。そしてそのことは、著者が、純然たる学問的歴史叙述の枠を超えて、現在も続くヨーロッパにおける近い過去の歴史と記憶をめぐる政治的紛争に棹さしたことをも意味している。歴史学的手続きに忠実な（それゆえ晦渋で無味乾燥な）実証よりも、むしろ導師による箴言や寓話風の形式がこの書を貫徹するのは、著者のこうした選択と関係するだろう。

もとより、『ブラッドランズ』の挑戦がホロコースト研究者や幅広く現代史研究者から全幅の支持を得るのには、高い障壁があった。ナチは殺戮のアマチュアであって、ソ連内務人民委員部（NKVD）の熟達ぶりに到底及ぶものではなく、むしろそこから多くを学んだかのような記述は、当然のことながら当惑を生んだ[10]。両体制の殺戮行為を「ブラッドランヅ」に限定することの妥当性も問われたし[11]、同じことだが、クロアチアやルーマニアなどの残虐行為が埒外に置かれたことに違和感を呈し、より広域的な考察対象の設定を呼びかけるものもあった[12]。もちろん、西欧からアウシュヴィッツへの移送の軽視を理由に、スナイダーによる「アウシュヴィッツの格下げ」に論難を加え、伝統的な西欧型ホロコースト言説の救済をはかる者もいれば[13]、『男の歴史』で知られるトーマス・キューネのように、スナイダーの試みを歴史家論争時のエルンスト・ノルテと同列視し、「ソヴィエトとナチの犯罪を結びつけようとするスナイダーの動きは、当時と同じく政治的にトリッキーだ」と決めつける例もあった。「ポスト共産主義の東欧におけるホロコースト歪曲論者のバイブル[14]」というキューネの断定は、中東欧の込み入った歴史記憶への想像力を欠いた感情的反発の趣が強く、およそ生産的ではない。スナイダーが果敢にも取り組んだ接続・比較・総合化の試みを肯定的に受け止める流れがかなりの広がりで確認できるとはいえ、歴史家論争時と同じ地平の言説が強固に残存していることも間違いない。ジャットらも語ったとおり、ドイツ史とヨーロッパ史の理解に「東欧」が適切に組み込まれているかどうかが決定的なようだ[15]。

数々の批判や難癖、そして訳知り顔の解説のなかには、スナイダーを激怒させたものがあった。レヴュー・フォーラムを組んだふたつの雑誌におけるスナイダーの応答からは、被占領地域住民による「コラボ」や「傍観者」問題の掘り下げが弱いとの批判を受けて深めるべき論点を丁寧に論じる姿勢とともに、無理解に対するあからさまな苛立ちと軽侮の感情も看取される[16]。批判のなかには、筆者

（橋本）にさえ的外れと思えるものが散見されたから、この反応は当然である。そして、おそらくそうした応答と反論を重ねるなかで、『ブラック・アース』の執筆は着意された。『ブラック・アース』は、前著以来の思考様式を基本的には踏襲しながらも、指摘された弱点を補強し、さらにまったく新しい観点も提示している。

前著以上に強調されたのは、現代史におけるアウシュヴィッツの位置づけである。ホロコースト全体の「換喩」としてアウシュヴィッツを扱うことに異を呈して、「アウシュヴィッツが記憶される一方で、ホロコーストの大半は忘れられてきた」と言いはなち、「アウシュヴィッツは……実際に行われた悪の規模をずいぶん小さく見せかけた」[17]と挑発的に述べたところは圧巻だ。「アウシュヴィッツの格下げ」はいっそう徹底されている。他方、戦間期の中東欧地域に浸透した「ユダヤ＝ボリシェヴィキ神話」にたびたび言及するだけでなく、全ヨーロッパ規模でのパレスチナをめぐる駆け引きと「マダガスカル計画」（ポーランド国家はユダヤ人の移送を狙ったこの計画の最重要なアクターだ）の動静を紹介して、ホロコースト以前の国際的な政治社会の気分を提示している点は、前著の対象設定をめぐる批判を意識して、時間的・空間的な拡張を果たしたものだろう。ドイツ以外の枢軸国や傀儡国に光が当てられた点も、叙述自体はやや生彩を欠くとはいえ、同様に批判への応答として捉えることができる。とりわけ、レヴュー・フォーラムでの応答を引き継いで、ユダヤ人を含む住民が「コラボ」に搦めとられ無節操に立場を入れ替える構図を克明に論じた「第6章　より大きな悪」は、実に示唆的だ。残虐行為に積極的に関与する「普通の人びと」の責任を糾問するホロコースト研究のひとつのタイプを意識しながら、東欧民衆のあいだの反ユダヤ主義の遍在を言うだけで説明した気になるステレオタイプの安易さが指摘されているからである。「コラボ」は反ユダヤ主義の直線的帰結ではないし、ふたつの極端な体制の継起と相互作用のもとでの緊縛や暴力の蔓延による非人格化への洞察を抜きにした、俗っぽく道徳化された「コラボ」論は到底受け入れられないというわけだ。味読すべき点だろう。

まったく新たに提示されたのは、「プラネット」というやや真意の訝《いぶか》しい語の使用とあわせて、「エコ・システム」や「自然」といった範疇で人種主義とホロコーストを論じるコズミックな議論である。だがこれは、箴言の真骨頂とは言えるにしても分かり良いものではない。そこに看取されるのは、スナイダーが歴史家の活動域を踏み越えて、世界を直観する思想圏に飛翔／頽落しつつあることだ。その是非自体は論じてもしかたがない。

新たに提示された議論のモチーフのなかで重要なのは、「第4章　国家の破壊者」で主題的に指摘された国家解体と大量殺戮との抱き合わせの関係であり、人命を守る装置としての国家の役割である。ごく少数の善き人々の「人間性」によるユダヤ人の救済は脇に置くとして、ナチとソ連の体制による国家装置の破壊の度合いが、「政治的大量殺戮」が荒れ狂う時代に人々の生存可能性を相当程度左右した——占領下でも国家的統治機構が温存されたところではユダヤ人には生き残る希望が残されたのに対して、国家が完全に破壊された「ブラッドランヅ」では壊滅だった——というのである。これは、全編を貫くメッセージである。もちろん、このような主張の実証可能性には議論の余地があるし、スナイダーの叙述展開が十分説得的かどうかにも留保が必要かもしれない。だが、ポストモダニズム以来、一望的に監視し、内面を規律化して自由を損なう国家（「全体主義」国家はその究極的表現として捉えられがちだ。なお、全体主義論に与しないスナイダーの態度は注目に値するが、詳論する余裕はない）への疑念を通奏低音とした近現代史叙述が累々と積み重ねられてきたことを考えるならば、その教訓を踏まえながらも、人々を保護する「制度」としての国家の復権をはかるこの視座は格別の重要性をもつ。晩年の知的営為の時間をスナイダーと共有したトニー・ジャットが、新自由主義的なグローバリゼーションの波に抗する福祉国家とそれを支える社会民主主義的政策体系の意義を強調して、「国家は定義上も、――そしていつでも――利用可能な最悪の選択肢だという観念」から身と心を解き放つよう提唱していたことを想起しておこう。[18]だが、両者が共有したはずの国家の有用性と意義についての重要な提起は、その力点の差異（ジャットの強調する福祉的機能と、『ネイションの再建』[19]以来スナイダーがこだわり続ける中東欧の諸国家・諸民族の主権の問題）のゆえにスナイダーによって思いがけない形で軸がずらされ、頽落させられてしまう。

＊

スナイダーによれば、二〇一三年後半以来、ウクライナは国家存亡の分岐点に立たされている。真に「ヨーロッパ的」な国家としての発展可能性に賭けたユーロマイダンの「革命」と、新しい国際秩序の構築をめざすプーチンの野望のもとでの国家喪失の危機という、ふたつの道の鍔迫り合いが始まったのである。危機を眼前にして、すでにコズミックな思想圏に生きる導師の風貌を強めていたスナイダーは、今度は、煽動家の道に迷い込んでしまったようだ。たとえば、周到な情報収集を踏まえたものではあるのだろうが、冷静な批判的精神ではおよそ了解不能な言説が発せられている。曰く、

二〇一四年、ロシアはEU内部にいる自分の配下の国家（ハンガリー）を養い、新しいそれを勝ちとろうと追い求め（ギリシア、ブルガリア、セルビア、オーストリア、チェコ共和国、スロヴァキア）、EU内の分離主義を支援し（イギリス独立党とスコットランド）、EUの弱体化を言い立てるナショナル・ポピュリストや極右の政党を養い（国民戦線、ヨッビクその他）、ロシアが後援する集会とあわせてクリミア・南東ウクライナ侵攻に伴う「住民投票」監視にファシストとナチスを呼び込んで、彼らの立場を正統化した。[20]

この伝で言えば、イギリスがEU離脱を決めたのも、右翼的な「法と公正」政権下のポーランドでブレグジットに倣うかのようにポレグジットの声が高まったのも、すべてウクライナとEUの転覆を狙ったロシアの陰謀ということになりかねない。（アメリカやEUのそれとともに）ロシアが世界規模で展開する対外工作活動や世論操作は間違いなく注視に値するが、それにしても驚くべき発言である。世界規模の右翼ナショナリズムの強まりは、まるでプーチン政権とその差配のもとにある「ファシスト」と「ナチス」の陰謀としてすべてが説明可能であるかのようだ。ロシア・東欧に関する国際的にもっとも権威ある雑誌である『スラヴ評論』のウクライナ問題特集の巻頭に、このような冷静さを欠く、陰謀論と政治的レッテル張りに貫かれた煽情的な言葉が掲載されたことの意味は重大である。実

際、巻頭論文を受けて書かれたマリア・トドロヴァの論考は、スナイダーの問題提起に丁寧な理論的反論を加えつつ、はじめに結論ありきのプロパガンダ的話法に警句を発し、広く公衆に発言する知識人が、「人を惑わせるような学問的装いにくるんだ単純な議論[21]」を繰り広げたことへの失望を隠していない。実際、ここには『ブラッドランヅ』で採用された、多様な集団の経験を接続し、対質させ、一見単純ななかに複雑な構図を読み解く手法は見られない。プーチンという記号化された単一の超絶的な悪を措定し、そこにすべてを押し込めることで正義を担保できると考えているかのようだ。それは、すべての悪を「ファシスト」の一語に集約する、ソ連伝来でプーチン好みのレトリックと似ていなくもない。

ウクライナで刊行されたスナイダーの講演と対談、小論の翻訳を収めた小冊子でも同様の陰謀論が繰り返し開陳され、プーチン的な野望の危険性の指摘とともに国家の独立護持のために最前線で戦うウクライナへの激励が語られている。たとえば、クリミアを奪取しルハンスク（ルガンスク）やドネツィク（ドネツク）も窺って、ウクライナの主権を破壊するプーチンの言動は、一九三九年のスターリンとまったく同じであり、「西側のほとんどすべての住民と異なりプーチンとその周囲の人々は、近隣諸国を解体させた一九三九年と一九四〇年のソ連の戦術の成功を思い出している[22]」といった具合なのだ。確かに、ロシアによるクリミア編入手続きと一九三九年のポーランド東部や一九四〇年のバルト諸国のソ連併合に手法上の類似が認められるのは事実だから、スナイダーの主張は有力な仮説である。しかし、外圧による国家存亡の危機への義憤に駆られたスナイダーにとってこれは自明の結論であって、立ち入った論証も歴史的分析も必要ない。必要なのは、超絶的な悪としてのプーチンとスターリンの類比《アナロジー》であって、対立する二者間・多者間の相互作用と共犯関係の析出による構図の解明というスナイダーが得意としたはずの方法的態度は、——現在にいたるまでの複雑なウクライナ情勢の分析に際して有効かつ必須であるにもかかわらず——影を潜めてしまっている。残っているのは、「被害者」としてのウクライナへの情緒的同一化であり、学問的・歴史学的言辞による粉飾だけである。これでは、大量殺戮をホロコーストに、ホロコーストをアウシュヴィッツに還元して単純化する態度とさほど変わるところはない。それにもかかわらず、『ブラッドランヅ』でヒトラーとスターリンの「あいだ」の凄惨な出来事を描いた高名な歴史家の発言は、深い学識と洞察に裏付けられた権威として流通することだろう。悲しむべきことと言わなければならない。

日本語に初めて翻訳されたスナイダーの著作である『赤い大公』(23)を一読したとき、筆者の目には駄作としてしか映らなかった。高貴な家柄の波乱万丈の人生が、大向うを前にした絶好の演目であることは間違いないにしても、それは歴史小説の取り上げるべき素材であって、世界の学界をリードする歴史家の仕事とは到底思えなかったのである。だが、こうしてスナイダーの頽落ぶりを確認してみると、彼が「赤い大公」、ヴィルヘルム・フォン・ハプスブルクに眩惑され、伝記まで描くにいたった理由がおのずと了解できる。

「ウクライナ」に心情的に同一化し、「国家」の独立と主権の安定を願い、そのためには学問的粉飾を凝らしたプロパガンダ的発言さえ厭わなくなったスナイダーの姿は、「ウクライナ」をこよなく愛し、「国家」独立のために権謀術数と変節を重ね、王として君臨することを夢見つづけた「赤い大公」の幻影と二重写しになっている。ヴィルヘルムは、ウクライナ国家の安寧を思う著者自身が無意識のうちに仮託された造形なのである。実は、『ブラッドランヅ』と『ブラック・アース』を丁寧に読むと、スナイダーのそうした一面が両書の周到な叙述にも潜んでいて、ときおり顔をのぞかせていることに気づかされる。それを腑分けできるかどうかは読み手次第であり、読み手としての力量と責任が問われることにもなっている。安易にスナイダーに寄りかかると、思わぬ陥穽に足を取られかねないのだ。自分の足で現地を訪れて考えることをやめるわけにはいかない。訪れるべき「記憶の場」はまだまだある。

第6章　ホロコーストをたどる「旅」

──『同胞』を読む──

巷間に垂れ流されるリトアニアのイメージと言えば、「周辺大国による暴虐に翻弄されながらも、誇りを失うことなく独立への道のりを歩んだ小さな気高き民族」というところだろうか。日本では、人類学者の畑中幸子によって原型の提供されたこの種のイメージ[1]がべったりと受容されてしまい、ホロコーストに関する書物をこよなく愛好するこの国の読書公衆にとって皮肉なことに、民族解放の英雄神話にそぐわぬリトアニア人の対ナチ協力問題は等閑に付されてしまった。他方、歴史家の早坂眞理がリトアニアの国民形成を論じた学術的大著[2]でも、リトアニア人の「同胞」であり戦間期のリトアニア国民であったユダヤ人の記述は信じ難いほど乏しく、ホロコーストによる住民構成の激変への関心は無きに等しい。本章で紹介する著作『同胞──リトアニアのホロコースト伏せられた歴史[3]』の語り手のひとりでナチ・ハンターのエフライム・ズロフならずとも、かつて当地の大切な住民であったはずのユダヤ人（なにしろヴィルニュスは「北のエルサレム」だった）とその惨劇の記憶は、杉原千畝の美談に酔いしれる日本でも実は居場所がないのかと、天を仰ぎたくなるほどだ[4]。粉飾され美化された、あるいは一面だけを切り取って造形された歴史像は正されねばならないから、この書の第一の貢献はそこにあると言ってよいであろう。実は日本でもしばらく前に野村真理の一連の論考[5]で先鞭がつけられていたが、同書では、リトアニア人のホロコースト責任に関わるより詳細な、だができれば目を瞑りたくなるような数々の凄惨な事実が提示され、リトアニア史の暗部が眼前に浮かび上がる。原著はリトアニアで「自虐史観」並みに激しい攻撃に晒されたそうだが、それも宜《むべ》なるかなとひねくれた感想を抱いてしまう。

だが、国際的に見た際にリトアニア人のホロコースト責任問題は、彼らにとって屈辱的なものも含めて幅広く議論されてきた。英語圏では、戦後に移民したホロコースト・サヴァイヴァーの回顧録や証言に基づく著作が多数刊行され、その種のものは筆者（橋本）の手元にも何点かある。[6]ドイツでは、占領下のバルト諸国に移送されて殺害されたユダヤ人の氏名を記した『記憶の書』[7]が刊行され、主眼はラトヴィアのリーガだが、リトアニアのカウナスで虐殺された人々の名も、誕生日とその場所を添えて記録されている。延々と無数に列挙された名前からは、数字だけでは得られぬ痛ましさが伝わってくる。

国策としてのホロコースト責任への対応もみられた。『同胞』を通じてズロフは、リトアニアでホロコーストが真面目に考えられていないと不満たらたらだし、リトアニアで流布される公定歴史像からはこの不満には十分根拠があるのだが、実際には、ポスト冷戦時代の国際的責務（一人前のヨーロッパ国家に必須の条件）への対応を余儀なくされて、「リトアニアにおけるナチとソヴィエトの占領体制による犯罪評価委員会」が設置されていた。同委員会の浩瀚な報告書『リトアニアにおける全体主義体制の犯罪』全八巻中の三つの巻はナチ犯罪に当てられており、[8] ホロコーストはその歴史的前提の検討とあわせて最重要の論点である（ただし歴史解釈をめぐって委員会内には齟齬があった）。イスラエルやアメリカ、西欧からの旅行者向けに図られたアリバイ工作との印象が濃厚だが、リトアニアにおけるホロコーストについて略述した英語その他の言語による小冊子も刊行され、[9] リトアニア人がホロコーストに深く関与したことが述べられている。残されたリトアニアのユダヤ人コミュニティも記録活動に取り組んでいる。ヴィルニュス・ガオン・ユダヤ史博物館が編纂したアトラス[10]からは、『同胞』の著者たちの訪ね歩いた虐殺の地が、狭い国土に点々と残されたはるかに多くの虐殺地（数えてみたら二〇〇箇所を超えた）のごく一部にすぎぬことを教えられる。

国策的対応とは別に、研究者による誠実な作業も積み上げられてきた。彼ら彼女らの名前は同書中の随所に挙がっているが、筆者の自宅書庫で目にとまったなかには、ヴィルニュス大学で歴史的トラウマや記憶の政治を研究するヴィオレタ・ダヴォリウーテによる『ソヴィエト・リトアニアの形成と解体』[11] というものがあった。この本の主眼は戦後のソヴィエト・リトアニアにおけるナショナル・アイデンティティの構築にあり、その前提として戦間期後半に突如高まりを見せた反ユダヤ主義的気分の原因を農村からの人の移動と急激な都市化に伴う社会変容過程に捉え、対ナチ協力と殺戮への積極的関与をモダニティのもとでのアイデンティティ形成とその変容から説明する社会科学的視点に貫かれている。「ユダヤ＝コミュニスト（ボリシェヴィキ）」言説にばかり縋る弁明論的国民史[12]とは一線を画した重要な研究成果が存在するのである。ズロフはこの旅まで一顧だにしなかったようだが、こうした歴史家と研究成果の存在は世界の大切な共有財産だし、その一端は『同胞』の「第7章　現在の視点から――歴史家へのインタビュー」にも示されている。

＊

『同胞』の船頭役を務めたのはルータ・ヴァナガイテ（本章中ではルータと呼ぶ）、ソ連時代に芸術学を修めた文筆家である。本人の弁では「偉大なリトアニアの英雄の子孫か、それとも、親戚のなかに人道に対する罪という汚点がある、ユダヤ殺しの卑しい民族の一人か」（同書二三頁）ということだが、要するに反ソ活動の政治犯として処罰された対ナチ協力者を祖父としながら、大方のリトアニア人とは違ってこんなことを考える人物である。

国民の悲劇はすべて受けとめ、それを自分のものと他人のもの、大きい悲劇と小さい悲劇に区別したりはしない。過去のできごとを非難したり美化したりせず、親戚の罪も喪失も受けとめる。彼らと私たちになにが起きたのか、そしてなぜ起きたのかを知りたいのだ。私のリトアニアで、私のリトアニア人たちと私のユダヤ人たちに起きたことを。私の子どもたちがそれを知り、理解し、記憶するために。（二五頁）

彼女の狡智と詭計にみちた口／筆達者ぶりには、共感的に読み取れることも惑わされることも多いが、祖父らの責任を深く自覚したうえでリトアニア人の被害と加害の両方を見据えつつ、ユダヤ人の犠牲者的語りとは対極的な「犯罪者」側の視界から「なにが起きたのか、なぜ起きたのか」を考え抜こうとしている。それを支えるのは、リトアニア人とユダヤ人が共存したはずの「私のリトアニア」への愛国的心情である。

ルータの呼びかけに応えて旅の同伴者となったエフライム・ズロフは、言わずと知れたナチ・ハンター、『同胞』に書かれた「旅」の時点ではサイモン・ヴィーゼンタール・センターのエルサレム事務所長を務めていた（その後は東欧問題部長として、特にセルビアとクロアチアで「活躍」したが、二〇二四年九月に同センターを退職したことが報じられている。もっとも、これからも「反ユダヤ主義」との闘いを続けると意気軒昂である）[13]。ナチ犯罪者を最後の一人まで追及し、ナチを美化し犯罪を否認する歴史修正主義や弁明論的相対化論に非妥協的態度で挑む、筋金入りのアクティヴィストである。その彼にとって、「二つの全体主義」論に基づいてバルト諸国で流布される「スターリンが行ったジェノサイドとホロコーストを等価とみなすダブル・ジェノサイド論」（二二八頁）は到底許容しうるものではない。「私はこの使命においては妥協も人気取りも必要ないと思った。私の行いに対するリトアニア人の抵抗は、私が負うべき代償だと思った」（同）と言ってのけるとおり、彼を突き動かす目的は、民主化を遂げたはずのリトアニア人にホロコーストに加担した責任を直視させ、処罰と自己批判を迫ることである。リトアニア人は「真実から遠ざかって」（同）いるのだから、「ほかの欧米の民主主義国と肩を並べる」にはリ「過去に向き合い、ホロコーストで起きたことを真摯に評価しなければなりません」（二三一頁）というわけだ。紛れもない上から目線で説教を垂れることに一切躊躇はない。大審問官さながらに尊大な態度を重ねるズロフにルータが「敵」の名を奉ったのは、実によく理解できることだ。

リトアニア人がホロコースト責任を直視する必要では意見を共有しながらも、意図するところでは対極的なふたりを著者としたこの書は、ふたつの部からなっている。第一部「闇への旅」は、ルータが単独で執筆して、リトアニア人のホロコースト関与の「実相」を、主として史料や先行研究に依拠して描写し、解釈を重ねている。そこでは、子ども時代の目撃証言（第2章　私たちの同胞——目撃した子どもたち）や自民族をあえて「ユダヤ殺し」と断ずる痛ましい記述（第4章　私たちの同胞——ユダヤ殺し）が重ねられている。特に、一九四〇年のソ連併合から翌年の独ソ戦開戦を契機に誕生したリトアニア臨時政府による対独協力が問題化されている点が重要だ（第3章　政治家たち。リトアニア臨時政府は『同胞』の訳者の重要な研究対象である）。今日のリトアニアにとって「抵抗《レジスタンス》」の象徴たる臨時政府がどれほど深くナチ犯罪と関わっていたのか、そのことが浮き彫りになっている。ナショナリストとナチとの共犯関係はソ連支配を受けた多くの地域に共通するが、民族解放の大義とナチとの癒着という歴史叙述と解釈上の難題がここでも確認される。同時に、臨時政府首班でアメリカに亡命したカジース・シュキルパの回想『蜂起』ではユダヤ人に関する記述が一切消されていたのだが、その事実が「時代が変われば文書も変わる」（七七頁）という達意の一節を添えて指摘され、あわせて、臨時政府への免罪が合衆国などに居住するディアスポラのリトアニア人歴史家の手でなされたことも示されている（八八〜八九頁）。わざわざリトアニアに来て罪責追及に熱心なズロフの意気込みにもかかわらず、戦後長く「ナチスの楽園」[14]であった北米在住のディアスポラが免責の旗振り役だったことは実に意味深長である。中東欧・バルト諸国にとって遠隔地ナショナリズム問題は深刻だ。

これに対して第二部「敵との旅」は、ズロフが執筆した小文から始まる。祖父がリトアニア生まれの彼にとって「特別な存在」（二二二頁）であったこの国へのナチ・ハンターの深い思いが綴られるのである。これに続く、ルータとズロフが殺戮の現場一四箇所を選んで訪ね歩いた「旅」の記録はおおむね、当該地域における一九世紀末時点のユダヤ人人口の確認、犯罪行為に関する文書館史料（ソ連時代の裁判記録や証言等）などの提示とその解釈、現場を訪問した際の様子や住民への聞き取りの記録、そして、ふたりの間で交わされた「敵との対話」というように、定形的な順序で記述されている。それぞれのゆかりの地や意義深い場所が選ばれているから、その場におけるそれぞれの振る舞い、たとえば嗚咽と祈りの姿や交わされた言葉には、論文調の歴史記述では得られぬ意味の深みがある。なかでも、ウクメルゲにある戦争犯罪者（両大戦間期の権威主義的な大統領スメトナの甥ユオザス・クリクシュポニス）を「愛国者」として顕彰する記念碑を訪れた際の様子を記した記述は実に印象的だ。

殺人者の記念碑の前に立ったとき、私はズロフの目を見るのが恥ずかしかった。ズロフも私の目を見なかった。記念碑のレリーフをまっすぐ見つめ、「くそ、くそ、くそ」と繰り返していた。この記念碑を見つけないほうがよかったと思った。（二九三頁）

公式国民記憶上の英雄がズロフにとっては呪詛の的であり、愛国者ルータにとっては羞恥なしに目を向けられぬ存在であることがよくわかる。他方、ソ連時代以来の長き沈黙に平安を求めた老人たちへの聞き取りには複雑な思いを抱かずにおれない。（悪）名高いナチ・ハンターと「自虐史観」の流布者としてメディアに登場するリトアニア人が突然現れて、古傷を抉るような質問をされた際に、老人らはどれほど肝を冷やしただろうか。ルータは時折、真実を追う旅が暴力的になりうることに無頓着なズロフを窘《たしな》めている。当然だろう。

＊

学術的な媒体において学術書ならざる『同胞』を紹介することには独特の困難がある。一般向けには、自己愛的公定歴史像由来のリトアニアのイメージに挑戦する歴史記述が提供されたことの意義に異を挟《さしはさ》む余地はない。世界中どこを見ても、それほど気高く美しいだけの過去を生きた国民／民族があるはずはない。リトアニアの国家と国民が抱え込んだ犠牲者意識の葛藤による捻れを踏まえたリトアニア理解は、詳述する余裕はないが、実は二〇二二年二月二四日以降の欧州東部の出来事を考える際に、副次的ではあれ不可欠のものである。他方、「訳者解説」に書かれた事情を知るにつけ、歴史家がルータの書き連ねた「史実」を無邪気に受け入れることは難しい。誠実で慎重な若手歴史研究者である訳者は、著者のぞんざいな史料操作を正すために、原史料に立ち返って克明な補正を試みており、途方もないその努力には頭を下げるしかない。これほど手間暇かけた翻訳書が他にあるだろうか。だが、そうした努力にもかかわらず、史実を求めてこの書を利用することは厳に慎まねばならない。作風はまったく異なるとはいえ、隣国のスヴェトラーナ・アレクシエーヴィチの一連の著作がそうであるように、『同胞』でも事実と脚色の境目は不分明だし、そもそもこの書において、史料批判の不在に加えてホロコーストをめぐり歴史家や諸分野の研究者の積み上げてきた膨大な議論が十分踏まえられているとも思われない。対独協力者の動機の説明に際して、突然、エーリヒ・フロムによる同調的攻撃と集団的ナルシシズムが援用されたところ（一八八〜一八九頁）では、ここ数十年の分厚い研究の成果は徒労なのかと大きな違和感を抱いてしまった。だが、ひょっとしてフロムによってとっくに決着済みなのにいたずらに屋上屋を重ねてきただけなのかもしれないと、一抹の不安と動揺を覚えたのも確かだ。

実のところ、先行研究を十分踏まえず史実の提示にも疑問符付きの書物を紹介することもまた徒労に見えるかもしれないが、筆者はそうは考えなかった。『同胞』には、既定の研究と言説の枠組みに縛られていては見逃しがちだが、日本の歴史学界にとって反省的思考を喚起する地雷のようなものが、意図せぬものも含めていくつも埋め込まれているように感じたのである。そうした論点はすでにいくつか触れたが、さらに二、三示してみたい。

一つ目。ルータの手になる叙述では、しばしばソ連期の裁判記録が史料として無造作に引用されている。いつどこで、誰によって、どんなふうに虐殺がなされたのかを知るにはこれで十分というわけである。その例はソヴィエト・リトアニアに限らず、ポーランドのオルシュテイン（東プロイセンのアレンシュタイン）など周辺諸国にも及んでいる。社会主義時代の捜査調書を史料に使用する問題性には訳者の指摘があるが、それとは次元を異にした発見的効果を認めることができる。ドイツをはじめ欧米諸国では、ニュルンベルク裁判以降のナチ犯罪への処罰について多数の研究が蓄積されてきたが、ソ連の「解放」した地域で夥しく行われた戦犯裁判は、ファシズム犯罪として裁きがなされてホロコースト固有の犯罪性を隠蔽したとのステレオタイプが横行し（巻末のズロフの一文はそのお手本だ）、実質的な中身のある研究を目にすることは困難だった（筆者が不勉強なだけという可能性はおおいにあるが）。東独については例外的にフルブルックの大著[15]があり、ニュルンベルクのソヴィエト判事についての研究[16]も近年刊行されたが、各国とりわけソ連で行われた裁判の具体を知ることはできずにきたのである。しかるにルータの叙述からは、戦後長く、冷戦のおかげでナチスの残党が大手を振って暮らすことのできた合衆国とは対照的に、ソ連では「ファシスト」とその協力者（バルト諸国などの民族解放英雄の多くがこれに該当する）が有無を言わさず闇雲に裁かれ、その史料も多数残されていることが窺える。より適切な史料批判に基づく実相解明の必要とともに、冷戦下で「ナチ犯罪を裁く」とはどういう行為だったのかを再考（実は初めてかもしれない）することが急務だと感じられた。

二つ目。シュヴェンチョネレイという小さな町でルータとズロフは、お店の庭先にいたおばあさんから、ユダヤ人の女の子を救ってあげられなかった悲しい思い出について聞き取っている。当時、ユダヤ人は、ドイツ人以上に殺人衝動を滾《たぎら》せたリトアニア人を恐れていたこと、普通のリトアニア人もまた「みんな怖がっていた」ことをおばあさんは語っていた。その辛い殺戮の現場であった射撃場跡には、ソヴィエト時代の一九六一年にすでに犠牲者のための慰霊碑が建てられていたが、二〇〇一年にはリトアニア政府ならざるイギリス大使館の予算で記念碑の改修が行われた（先述の二〇一一年刊行のアトラスの二七四〜二七五頁では、一九六一年の記念碑建立に加えて一九八三年の殺戮現場の整備、一九九三年には碑の改修が行われたとの記述があるが、二〇〇一年のイギリス大使館による改修には言及がない）。おばあさんの悲しみに心打たれたルータはこれに、「よくやった、イギリス人」と真意の訝《いぶか》しい賛辞を送るが、なぜ当事者ならざるイギリス大使館が改修を行ったのか説明はない（二五八〜二六二頁）。ソ連時代の慰霊については、大規模な「記憶の場」について包括的検討がすでになされているが[17]、この小さな碑がイギリスとの国際関係の場に浮上したのはなぜなのか。リトアニアに限らないが、バルト諸国各地に散らばる「記憶の場」では、ヨーロッパ規模の記憶の政治と紛争に関わる各種各様の思惑による磁力が働いていたことをすでに私たちは多少は知っている。だが、そうした極小の力が織りなされて作り出された磁場の構図と意味は十分明確になっているわけではない。そのことをぜひ考えたい。

三つ目。二点目とも重なるが、冷戦終結とバルト諸国の独立回復とほぼ時を同じくしてズロフは勇んで父祖の地を訪れ、リトアニア人を改心させる苦闘に挑んだが、それはなぜなのだろうか。彼の経歴をあらためて確認すると、一九七九年に合衆国司法省に新設されたナチ犯罪特捜部に勤務し、それまで安閑と暮らしてきたナチ残党を「失楽園」の憂き目に突き落とした後、八六年にはサイモン・ヴィーゼンタール・センターに居所を移してオーストラリア、カナダ、イギリスなどで同様の摘発活動を行っていたことがわかる。『同胞』中には、ズロフの「カマトト」ぶりを皮肉るルータの蜂の一刺しの如き言葉が散見されるが、彼の経歴と背景を考えたとき、ナチ・ハンターとしての彼の活動は、リトアニア・ユダヤ人に連なる個人的動機だけでは説明できず、むしろ「ホロコーストのアメリカ化[18]」と呼ばれる冷戦後期・末期に進んだ合衆国の政治的・社会的・文化的変容と、冷戦終結によるグローバル展開という文脈を踏まえて理解されるべきだとわかる。日本のホロコースト言説は、実際はそうした展開にずぶずぶに影響されながら（ハリウッドで制作されたホロコースト映画の影響力を考えれば、そのことは容易にわかるはずだ）、「ホロコーストのアメリカ化」の孕む国際政治上の含意に気づかぬまま、ぼんやりとヨーロッパとりわけドイツに専心してきた。大胆不敵にもルータがズロフを同伴者に選んだおかげで、その克服が急務だと気づかされたのは僥倖だ。

*

『同胞』を紹介するにあたって、以上のような個別的論点にもまして重要なのは、第二部を通じて繰り広げられたルータとズロフのあいだの奇妙な言葉の交換である。

昨今流行《はやり》の「歴史和解」を称揚する向きからすると、「敵との旅」を通じてそれぞれの認識をすり合わせて、リトアニアの歴史をめぐる認識の共有化が図られ、それがリトアニア人とユダヤ人との相互理解へと昇華されることが期待されたかもしれない。だが、それは的《まと》はずれな期待であったと言って間違いない。そもそも「敵」とされたふたりの間には、大方のリトアニア人の場合とは異なりホロコースト責任の根幹部分に対立はなく、ねじ伏せてでも罪責を承認させるのか、それともリトアニア人に内在する事情のなかでその罪を了解するのかという、アプローチ上の（けっして小さくはない）差異が存在しただけなのである。それゆえ、「敵との旅」からはむしろ、立場性において隔たる者のあいだの相互理解がどれほど成立しにくく、かりに結論で一致していても取るべき態度では歩み寄れぬ不毛さが際立たされてしまったようにも感じられる。ふたりのやりとりはどこまでもすれ違いを重ねているようにしか思えないし、なにしろ、これだけ多くの記憶の場を廻った挙句に見出された結論は、「私たちの共通の敵は、無関心と無知の二つです」(三九三頁)という陳腐さである。

だが本当にそうなのだろうか。「敵との旅」を通じて、ルータの仕掛ける狡智ゆえに、正義を振りかざすナチ・ハンターの尊大な独善性の露見する場面が頻出するが、他方、その頑強な精神に揺らぎが生じ、ズロフが、人格化されたユダヤ的(むしろ合衆国＝イスラエル的?)「大義」からリトアニアにゆかりのある一個人に仮面を付け替える瞬間もある。たとえば、彼の母方の祖母の故郷シェドゥヴァで交わされた、ユダヤ人を殺戮した者もまた町や村でごく普通の生活を送ったひとりの人間だったという当たり前の事実をめぐるやりとりは圧巻だ(三〇三～三一一頁)。その深みを端的に要約する語彙は見出しにくいが、犯罪追及に一生をかけたズロフをして「真実でしょうね。ルータさんの考えはとても面白い。悲しいけれど説得力があります。非常に鋭い洞察力です。納得させられましたよ。残念ですけれど」、「私がそこまで深く考えなかったこともあるんだと教えてくれます」、「リトアニアで見るものは、アウシュヴィッツよりも一〇〇倍も衝撃的です。私個人に関わることだからでしょうね」と言わしめる濃密なやりとりが積み重ねられている。そこでの焦点は個人の生にある。

もとより、こうした瞬間的な揺らぎにもかかわらず、ズロフの姿勢が変化し両者間に幸福な和解が成立したわけではない。そのことは、以降の叙述からも、巻末に置かれたズロフの「リトアニアとホロコースト」という一文（リトアニア語版原著にはなく英語版にのみ序文として収録されたもの）からもすぐに了解できる。国際政治上の重要パーツに格上げされた大義は不動のままに屹立し、どこまでもふたりの思考が収斂することはない。しかし大切なことは、すれ違いばかりで、時折近づきそうに見えてもけっして交わることのなかったふたりが、ホディーブローのごとき言葉の応酬を重ねながらも、中途で降りることなく最後まで「旅」を続けた事実にある（ガソリン代は割り勘だったそうだ）。そこに成立したのは闘技的《アゴニズム》な言説空間であって、他者の存在を許さぬ敵対的《アンタゴニズム》関係ではない。それぞれ置かれた立場性の本来的差異ゆえに相手との和解や合一は不可能であることを当然の前提に、相手の存在自体は承認して真正面から論戦を続けるという思想的態度の萌芽をそこには認めることができる。リトアニアの「歴史修正主義」批判を旗印に、異見を許さぬ高飛車な態度を取り続けたズロフが、少なくともこの「旅」のなかではこうした態度をとれたのは、ルータという口達者な好敵手の存在とあわせて、旅の現場がアウシュヴィッツのごとき過度に硬直して制度化された「記憶の場」でなく、一個の個人としてのズロフの生に深いゆかりのあるリトアニアという場所であったからかもしれない。

だが、『同胞』から得られる教訓はそこにとどまるものではない。ルータとズロフがリトアニアで端緒的に実践した闘技的共存の知恵は、過去をめぐる紛争の多くの場面で一顧だにされず、敵対的で一方的な攻撃の言葉を投げつける光景が繰り広げられているからである。とりわけこの書の文脈に照らして考えたいのは、当時ズロフが働いていたイスラエルにおけるユダヤ人とパレスチナ人の関係、あるいはホロコーストの記憶とナクバの記憶の共存の問題である。こう述べるにあたっては、長く共存不能とされたホロコーストの記憶とナクバの記憶を接続する「文法」の模索が始まっていることが念頭にある。[19] また、歴史家のイラン・パペや社会科学者のサラ・ロイらユダヤ人の批判的知識人が、ホロコーストの唯一無二性を盾に独善的歴史・記憶政策を駆使してパレスチナ人への非人道的行為の数々を合理化するイスラエル国家と多数派住民を厳しく批判してきたことも想起している。[20] 第1章でも触れたように、かつて日本西洋史学会の場で板垣雄三は、「ホロコーストの「記憶」はパレスチナ人のナクバ（大破局）を隠す装置と化した」（本書二六頁参照）と喝破した。それから十余年、日本の「西洋史」学界はこの厳しい提起を正面から受け止められぬまま、敵対しあう記憶のあいだの関係を問うこともなく、従前の枠組みを維持しているように見受けられる。世界的には、歴史理論において「歴史和解」神話を組み替える議論も始まっているが、日本の社会と学界では糖衣的な「和解」幻想／願望がいまも強固なままである。並大抵のことでは和解できぬ記憶を抱えた人々がいかにして共存しうるのか、『同胞』はそうしたことを考えるためのささやかな最初の一歩として有益である。もとよりこれは、一瞬の心の揺れから立ち直ったエフライム・ズロフがこの種の議論に与することなどありえぬことを踏まえての話なのではあるが……。

＊

『現代史研究』誌から依頼されて執筆した本章の元原稿はここまでだったが、その後、ルータ・

ヴァナガイテがガザの戦争／殺戮をめぐってイスラエル擁護の立場を鮮明にし、「反ユダヤ主義」による危機を言い立てていると風の噂に聞こえてきた。事情に通じた方に教えてもらったイスラエルのロシア語メディア（ロシア語圏からの移民が続くイスラエルでは、ロシア語メディアが一定の発展を遂げてきた）の記事を見たところ、そこには短く痛ましいインタヴュー記事が掲載されていた[21]。

『同胞』出版後にルータの見舞われた「売国奴」などの悪罵については「訳者解説」に言及があるが（四三九〜四四一頁）、記事冒頭に置かれた人物紹介によれば、こうした「スキャンダル」のために彼女はリトアニアを去ってイスラエルへと向かった。かの地に数年間暮らしてユダヤ教への改宗を望んだものの、それはラビ「法廷」から拒絶された。やむなくリトアニアに戻って本を書いたりしたが、読者との出会いを期待しても国内の図書館からは見向きもされなかった。両国のいずれの場でも「よそ者」扱いだったため、ついに二〇二二年にスペインに移民することにした。紹介に続くインタヴューでは、リトアニアに葬られた莫大な数のユダヤ人を置き去りにしたことへの慚愧の念と、二〇二三年一〇月七日以降の世界における「反ユダヤ主義」の氾濫（彼女にはそのように映っている）への怒り、そして自身がユダヤ人コミュニティの一員であることへの衝迫感が語られている。「私はあなた方を理解し、あなた方を感じています……」、イスラエルは「私の心の故郷なのです」、と。そこには、ハマースによる襲撃を契機に極度に激しさを増した、それとは非対称な巨大な国家暴力と民間人の莫大な犠牲を直視する姿勢は一切ない。闘技的共存の知恵に代わって前景に躍り出たのは、パレスチナの現実への「無関心と無知」に基づく一方的な護教論だと言われてもしかたがない。

リトアニアにおける「同胞」たち双方の事情を公平に捉えようと努力してきたはずの彼女の精神的危機の背後には、なんらかの個人的事情が垣間見えるようにも感じられるが、それは詮索してもしかたがない。だが、ラビたちから「同胞」であることを拒絶されながら、それでもイスラエルを「心の故郷」と述べるほどの固着ぶりには、今この時点にホロコースト記憶を扱うことの難しさとそこにつきまとう陥穽が示唆されているように思われる。

短信から得られた情報や印象だけで即断するのは禁物だが、ルータのこの危機には、心理療法で言われるトラウマの「転移」（やや比喩的な意味でだが）が関係しているように見える。彼女は、事実の直視に後向きなリトアニア人を向こうに回して、他者の被った傷と自集団の責任に公正に向き合うことを呼びかけ、みずからそれを「実践」し、このまっとうな主張がなかなか理解されぬことに苛立ちを募らせてきたはずだから、その過程で、共感すべき他者のトラウマが転移して心内化され、ひいてはユダヤ人全般への過剰な同調と一体化を来たしたというのは十分ありうることだろう。しかもそのトラウマの正体は、ズロフが登場した理由からもわかるとおり、生存者《サヴァイヴァー》自身が心身に刻みこんだそれとは異なり、世界規模のホロコーストをめぐる語りの変容のなかで二次的に、しかも政治的に構築・増幅されて世襲化されたトラウマの言説だった。その二次的トラウマの言説を真正直に受け止めるなかで、リトアニアの大地に眠った犠牲者である莫大な数のユダヤ人と、建国以来、世界のすべてのユダヤ人の国家でありその代表であることを標榜してやまないイスラエル（ジュディス・バトラーをはじめ、イスラエルへの抗議運動を繰り広げる少数派のユダヤ人にとってこれは「僭称」そのものである）との同一視が生じたことも、論理的には無理があっても心理的には了解可能だ。良心的であるがゆえに、無防備にも転移を免れる技法を持たずに徒手空拳でホロコースト記憶の世界に挑んだために、こうした帰結がもたらされたようにも思われる。他者への共感的理解がいつしか過剰同調と同一化を招き、それがさらに、本当なら暴力の犠牲者とみなされて当然の、別の他者への不寛容や無関心をきたしてしまったというわけである。その心理的機制はしっかり検討されるべきもののはずである。ユダヤ人への同調と同一化の働きはけっして「唯一無二」のはずはなく、他の場面でも（パレスチナ人に向けられるものも含めて）起こりうるものだからである。

だが、そこでの検証が個人内部の心理的機制の次元にとどまってよいはずはない。次章で論ずるドイツ国家の頑なな姿勢とそれを支持する多くの人々の精神の傾性を考えるにつけ、そのような機制を作動させた政治的・社会的構図、すなわちグローバルな「記憶の政治」そのものの構造と機能の探究が必須と思われる。それはまさに、冷戦後期の北米で始まったナチス追及を嚆矢として、ポスト冷戦時代にドイツと統合ヨーロッパ、さらに世界の多くの場所で展開された「過去の克服」や「記憶文化」の話法がはらんだイデオロギー的な危うさを、それが生んだ肯定的成果とともに総ざらいする必要ということである。もちろん、無自覚のうちに「記憶の政治」の構築した磁場に絡めとられてきた歴史学、とりわけ西洋史学の見直し《リヴィジョン》がその中核をなさねばならないであろう。一部に端緒的動きが見られるとはいえ、ロシアによるウクライナ侵攻ではいち早く相次いで声明を発して非道を告発しながら、対照的にパレスチナ／イスラエルにおける殺戮や残虐行為には沈黙を決め込んでいる日本の歴史学界は、このことにどのように応えるのだろうか。

第7章　「歴史家論争2.0」と「過去の克服」の行方

——反「反ユダヤ主義」の緊縛とドイツ的「記憶文化」の転落——

一度目は主犯として、二度目は幇助犯として？

二〇二四年三月一日、ニカラグアが国際司法裁判所にドイツを提訴した。(1) ガザ地区に関するジェノサイド条約等一連の国際法違反、つまりジェノサイド防止義務を怠っているとの理由だった。ニカラグアが暫定措置として求めたのは、対イスラエル援助、特に軍事支援の停止と供与済み兵器の回収、国際人道法上のすべての義務の遵守、ＵＮＲＷＡ（国連パレスチナ難民救済事業機関）への資金提供の再開などであった。二〇二三年末、南アフリカがジェノサイド条約違反でイスラエルを訴え、同裁判所は翌一月二六日にイスラエルに対しジェノサイド的行為を回避する暫定措置を命じた。これを前提にニカラグアは、イスラエルを政治的・財政的・軍事的に支援するドイツの責任を厳しく問うたのである。同様のドイツ批判は、国連人権理事会におけるドイツの人権状況審査の場でも多くの国々から語られていた。(2)

第４章でも述べたように、「ジェノサイド」犯罪は、第二次世界大戦中にホロコーストを裁く法概念として考案された。ニュルンベルク裁判では採用されなかったが、一九四八年の国際連合第三回総会でジェノサイド条約が採択されて、国際法上の概念として確立した。そしてジェノサイド的な犯罪の「主犯」であったドイツ国家は戦後、特に東西ドイツ統一前後から自国の罪責を認めて、「過去の克服」を国是とする平和的国家・社会を自認し、国際的名声も高めてきた。そのドイツが今、ジェノサイド「幇助」で訴えられている。その転落ぶりは目を覆いたくなるほどだ。

もちろんイスラエルの軍事行動と暴力が国際法上の厳密な意味でジェノサイドかどうかは、国際司法の決定と市民社会や学界の真剣な討議を経て判断されねばならない。結論が出ていない以上、自明の前提とするのは早計にすぎる。直接の発端となったハマースによる民間人襲撃と大量殺戮の責任はどう問われるのか（民族解放闘争と捉えて抵抗権の法理で正当化する立場もあるが、すぐには与しえない。適否の判断以前に襲撃に至る直近の経緯を知りたい）、なぜニカラグアが、しかもなぜイスラエルの最大支援国アメリカではなくドイツを訴えたのかなど、疑問は尽きない。なにより、学術的な解釈以前に民間人の犠牲を食い止めることこそが先決である。だが、「過去の克服」を称賛され模範視されたドイツは、本当なら率先して殺戮をやめさせることを期待されてよいはずなのに、ハマースの暴力は厳しく非難する（これは理解できる）一方、どれほど屍《しかばね》が積み上げられてもイスラエル支持の姿勢を崩さず、和平調停を引き受ける気配は微塵もない。国連などでの停戦呼びかけにも消極的である。さらなる犠牲の増大と戦争の広域化が明らかになった二〇二四年一〇月になってもショルツ首相は、国内事情もあって同年春に事実上止まっていたイスラエルへの武器供与を再開・継続する意向を表明したほどである。[3] 本章の関心はこの点、つまり、すでに国連の調査特別委員会がガザにおける「ジェノサイド」を認定した報告書[4]を総会に提出し、ローマ教皇フランシスコが、ジェノサイドの嫌疑があるのであれば調査すべきと発言[5]したこの時点に至っても、ドイツはなぜイスラエルを批判しない／できないのかにある。

筆者は長く中東欧・ロシアを中心にヨーロッパの歴史・記憶政策を批判的に観察してきたが、ここ数年、ホロコーストや植民地ジェノサイドの歴史と記憶を扱う研究分野では、ドイツの記憶文化の問題性への指摘が顕著になった。それらを踏まえて本章がめざすのは、「外部」からの観察と批判というプリズムを介して現代ドイツの一断面を提示することである。

「ドイツ・カテキズム」討論

二〇二一年五月、世界のジェノサイド研究を主導するダーク・モーゼスが、「ドイツ・カテキズム」と題した檄文をスイスのオンライン雑誌『現代史』に公表した。ホロコーストに関連して現代ドイツでは、神聖にして侵すべからざる次の五箇条からなる教理《カテキズム》が支配し、これに反する議論、特にホロコーストを植民地主義の諸問題と接続して議論する可能性が封じられているというのである。[6]

1 ホロコーストが唯一無二《ユニーク》なのは、絶滅そのものを目的とした無制限なユダヤ人絶滅であり、その他のジェノサイドの限定的で実用的な目的とは区別されるからである。歴史上初めて国家がイデオロギー的根拠のみで一民族の破壊に踏み出したのである。

2 それゆえこれは文明の破断であり、その国民の道徳的基盤であった。（これだけでは意図を汲みにくいが、ドイツ語版では「ホロコーストは人間相互の連帯を破壊したので、文明の破断としてのホロコーストを追憶することは、ドイツのみならず、ほとんどの場合ヨーロッパ文明の道徳的基盤をも形成する」［藤原辰史訳］とある。）

3 ドイツは、ドイツのユダヤ人への特別の責任とイスラエルへの特別の忠誠を負う。つまり「イスラエルの安全保障はドイツの国家存立根拠／国是《レーゾン＝デタ》の一部である」。

4 反ユダヤ主義は他とはまったく異なる偏見であり、確実にドイツ的なものであった。人種主義《レイシズム》と混同されてはならない。

5 反シオニズムは反ユダヤ主義《アンチセミティズム》である。

やや乱暴なモーゼスの議論はドイツの研究者の多くの憤激を買ったようだが、(7) 国際的には真剣に議論すべきテーマとして受け止められた。ファシズム・権威主義・ポピュリズムを扱うオンラインのフォーラム『ニュー・ファシズム・シラバス』はモーゼスの文章の発表直後の五月二五日から六月一八日までの三週間余にわたって「カテキズム討論」(8) を組織し、モーゼス自身が編集の中心に座る『ジェノサイド研究雑誌』(9) をはじめ他の雑誌等でも関連する議論が重ねられた。『ニュー・ファシズム・シラバス』の討論参加者は、短期間ながら組織者とモーゼスも含めて主に欧米の二一名に上り、問題提起への態度は様々だった。

討論の柱のひとつは、モーゼスが強調するホロコーストと植民地暴力との関係である。おりからドイツ帝国時代の植民地ナミビアにおけるヘレロやナマの虐殺（一九〇四年以降の数年間に、植民地支配に抵抗した両民族の圧倒的多数が殺害された）をめぐる外交交渉の最終段階で、ドイツ政府はこれを条件付きでジェノサイドと認めたものの法的責任と賠償は頑として認めず、代わりに「支援金」（政府開発援助と変わらぬものらしい）の提供で済ませたことから、何人かがこの問題に触れた。モーゼス自身、賠償とせぬ理由に挙げられたのがホロコーストの比較不可能性であることを指摘したし、当事者のヘレロやナマ抜きの頭ごなしの決着であるため、憤慨した彼らは合意の受け入れを拒否していると伝える植民地研究者もいた。ドイツによる本件の処理は、日本ではやや美化して語られたように見受けられるが[10]、討論参加者たちの視線はそれよりもかなり厳しく、総じてホロコーストの唯一無二性の主張による植民地ジェノサイドや植民地責任全般の隠蔽への危惧が広く共有されていた。

もうひとつの重要な論点はイスラエル／パレスチナ問題である。ビル・ニヴェンのようにドイツ政府の立場を支持し、第二次大戦後の中東欧からドイツへの被強制追放民が同じ主張をしたらどうなるとの（屁）理屈でパレスチナ人の帰還権を否定する者もいたが、他方、アロン・コンフィノのように、ホロコースト記憶がパレスチナ人差別を正当化する遮蔽物になっていると喝破する立場もあった（惜しむべきことに、臆することなくイスラエル政府を批判する在米イスラエル人のコンフィノは、二〇二四年六月に亡くなった）。イスラエルの罪を問わないドイツ政府はかえってユダヤ人の人間性を無視していると指摘する者もいれば、自身の体験を踏まえて「反シオニズムのユダヤ人を反ユダヤ的《アンチセミティック》として糾弾するドイツ人」という倒錯図に触れる例もあった。討論はモーゼスに共感する多数と反発する少数に分裂したように見えるが、その亀裂こそ、モーゼスが暴こうとしたドイツの社会や論壇や学界の抱える深い淵の反映だったともいえる。

結語でモーゼスは、かつて市民社会が主導して進歩的意味を有した「過去の克服」が、「国家が是認し国家に主導された政治宗教」に転じたことを指摘し、それが統合ヨーロッパにおけるドイツの指導的地位のための道具とされたことを匂わせている。あわせて、「カテキズム」が年長でテニュアの白人男性教授による支配の道具となり、不安定雇用の若い世代の研究者は、異論があっても雇用継続への不安から発言を控える傾向のあることも示唆している（今回調べたなかにも、失職を懸念して匿名を選ぶ例があった）。共産主義に代えて反ユダヤ主義を口実としたマッカーシズム的状況にアカデミアが覆われているというわけだ。最後に、討論組織者のジェニファー・エヴァンズが、ドイツではひとつの立場しか語られないが、この討論では様々な立場からの発言がなされたのが収穫だと述べた。

ンベンベ事件と「歴史家論争2.0」

モーゼスが「ドイツ・カテキズム」を書いたきっかけのひとつは、カメルーンの知識人で植民地主義を論ずるアシル・ンベンベ（ムベンベ）にまつわる事件である。[11] 二〇二〇年の芸術祭ルール・トリエンナーレへのンベンベ招聘を知った自由民主党の地方政治家ロレンツ・ドイッチェが主催者に公開書簡を送り、「反ユダヤ主義者」を招聘するとは何事かと糾問したのである。これを受けて、「ユダヤ人の生活及び対反ユダヤ主義闘争のための連邦弁務官」[12]なる公職にあるフェリックス・クラインがンベンベへの攻撃を増幅させた。彼らは、ンベンベはイスラエル批判運動を支持し、イスラエルを南アフリカのアパルトヘイト体制に擬《なぞら》え、ホロコーストと植民地暴力を対比的に論じたと指摘し、国是に反する人物は公費を投じる芸術祭に相応しくないと招聘取り消しを求めたのである。

実際にはパンデミックのために芸術祭が中止されて、招聘取り消しは不発に終わった。だが、名誉を傷つけられたンベンベからの謝罪要求について『ツァイト』紙のインタヴューを受けたクラインは、ポストコロニアル・スタディーズは反ユダヤ主義的でドイツの国是たる「想起の文化」に反する、植民政策に問題はあってもイスラエルはアパルトヘイト体制ではない、自分はンベンベの著作中の問題箇所を指摘しただけだと嘯《うそぶ》いた[13]。また、BDS運動（後述）を反ユダヤ主義と断罪した二〇一九年の連邦議会決議に沿って職務を遂行しただけであり（どこかで聞き覚えのある発言だ）、謝罪の必要はないと開き直っている。こうしたクラインの姿勢に対し、イスラエル内外のユダヤ人学者やアーティスト四〇名弱が、「人道的な言葉と学識」で知られるンベンベを「反ユダヤと描くのは根拠もなく不適切で攻撃的で有害」だとして、内相宛にクラインの罷免を要求した[14]。これに反発するドイツのメディアや社会運動も活発化し、激しい論争が繰り広げられた。保守派ジャーナリストのアラン・ポゼナーが、フェリックス・クラインを擁護する投稿のタイトルを「左派の盲点」としたところに、後述するホロコースト記憶の政治的位置取りの変化がしっかりと示唆されている[15]。

ンベンベ事件が芸術祭で起こったとおり、アートは反ユダヤ主義嫌疑による検閲や排除、補助金停止の展開される舞台である。二〇二二年にカッセルで開催された芸術祭「ドクメンタ15」に招聘されたインドネシアのアート集団が展示した巨大なタペストリー「人民の正義《ピープルズ・ジャスティス》」も、反ユダヤ的要素を含むとして撤去を強要された。実際はこれは、細部にユダヤ人への偏見を含んだイメージがあったとはいえ、民主化直後にスハルト独裁の記憶を描いて、権威主義的な国家による暴力を告発したものだった。展示の企画団体やタペストリーを作成した集団のサイトには、検閲強化への怒りと悲しみが轟いていた。[16] モーゼスは、ドクメンタ15における出来事の顛末を論じた論考の末尾で、その後も継続するアートへの介入や抑圧の事例として、レバノン系カナダ人の劇作家ワジディ・ムアワッドの芝居「ある種の鳥」の公演中止（この作品はイスラエルでも上演されたものだという）、ハンブルクの芸術大学による上述のアート集団に属する二人の客員教授への就任取消しなどを挙げ、「浄化《クレンジング》」が進行中であることを指摘する。[17]

同様の「浄化」は、学術・言論分野でも進行中である。パレスチナを扱う展示が反イスラエルと見なされたベルリンのユダヤ博物館館長ペーター・シェーファーは二〇一九年六月に辞任に追い込まれ、[18] 二〇二二年にゲーテ・インスティテュート主催でグローバルな極右運動を論ずるフォーラムへの参加を予定されたパレスチナの作家・詩人モハメド・エル＝クルドは招聘を取り消された。[19] パレスチナ系ドイツ人で批判的人種理論の専門家アンナ＝エスター・ユーネスは、反ユダヤ主義研究情報センター（ＲＩＡＳ）が反ユダヤ主義とみなした研究者等のブラックリストを作成して秘密裏に政治家とも共有し、異論を抱く人々を排除していると告発した。[20] RIASはフェリックス・クラインが高く評価する組織である。二〇二三年一二月にはロシア系アメリカ人ジャーナリストのマーシャ・ゲッセンへのハンナ・アレント政治思想賞授与に際し、直前のエッセー「ホロコーストの影の中で」を理由に横槍が入り、[21] 翌二月にはレバノン系オーストラリア人でメルボルン大学教授の社会人類学者ガッサン・ハージが、「マックス・プランク協会の核心的価値観と相容れない見解を表明するソーシャル・メディア上の一連のポストをシェアした」ことを理由に、マックス・プランク社会人類学研究所の客員教授職を逐われた。[22] この種の事例は枚挙に暇がなく、その後も繰り返されている。

モーゼスが「ドイツ・カテキズム」を書いたもうひとつのきっかけは、ホロコーストと植民地ジェノサイドの記憶の接続可能性を探究する歴史家マイケル・ロスバーグとユルゲン・ツィムメラーが『ツァイト』紙に寄せたオピニオン「想起文化　比較のタブー視をなくそう！」[23] へのメディアや論壇からの猛反発である。二人は、他のジェノサイドとの比較不可能性と唯一無二性が声高に主張されることでホロコーストが非歴史化され、かえってホロコーストを含むドイツの国家犯罪総体の隠蔽が生じ、ひいては新版ドイツ・ナショナリズムが強化されるメカニズムを指摘したのである。反発した側の言い分は、煎じ詰めれば、贖罪のために積み重ねてきた国民的記憶文化を足蹴《あしげ》にするのかということに尽きる。

これら二〇二〇年頃から起こった一連の出来事と論戦の沸騰をロスバーグは「歴史家論争2.0」と呼んだ。[24]「歴史家論争1.0」は、一九八六年、スターリニズム犯罪を持ち出して免罪を狙うエルンスト・

ノルテら右派によるホロコースト相対化論に対抗して、ハーバーマスら左派知識人がホロコーストの比較不可能性を主張したドイツ国内の論争である。この時は左派が凱歌を揚げ、「過去の克服」や記憶文化の形成に大きく寄与したと理解されている。実際、その意義は国際的にも国内的にも大きかった。

だが、ロスバーグによれば、ふたつの歴史家論争の間に文脈は一変した。かつて相対化論を掲げた右派が比較不可能性と唯一無二性に固執するようになったのに対し、ポスト冷戦時代に広く国際化された批判的な議論では、植民地ジェノサイドをはじめ他事例との接続と比較によってホロコーストとその責任の理解が深まったというのである。実際、バシール・バシールらのホロコーストとナクバを接続する試みや、イム・ジヒョンらの「記憶の連帯」の構想など、ホロコーストの語り口は大きく変化している。[25]「歴史家論争」三五周年記念シンポジウムを主催したアインシュタイン・フォーラム[26]は、これに続けて二〇二二年九月に「記憶のハイジャック——ホロコーストと新右翼」という衝撃的なシンポジウムも開催した。[27]これらの場では、ますます深刻化するパレスチナ問題も視野に入れながらホロコースト記憶の扱いの変化に関わる議論が深められていた。「歴史家論争1.0」がそうであったように、かつて左派的であったはずのホロコースト記憶は右翼的潮流によって簒奪され（ときおり地金が飛び出すことはあっても、西欧の右翼ポピュリスト政党がこぞって表向きは「修正主義」的歴史観を放棄ないし封印、あるいは後景化させたことを想起しておきたい）、このような時代と構図の変化を捉え損ねて取り残された左派は、期せずして右派と同盟する羽目に陥った。モーゼスの檄文は、こうした状況下で書かれた。

ＩＨＲＡ「アンチセミティズム」作業定義とドイツ連邦議会ＤＢＳ決議

ＩＨＲＡ（国際ホロコースト想起同盟）[28]は一九九八年に設立され、ストックホルム・ホロコースト国際フォーラム（二〇〇〇年一月二七〜二九日）で確認された理念に立ってホロコーストの教育・啓発・研究の推進を使命とする政府間組織である。スウェーデン元首相ヨーラン・ペーションを座長に四六カ国の首脳らが集ったこのフォーラムは、従来ドイツの問題として限定的に理解されてきたホロコースト責任を国際化した点に多大の貢献があったと考えられている。フォーラムで採択されたストックホルム・ホロコースト宣言は、ホロコーストが「文明への挑戦」であることを述べ、「ホロコーストに関する教育、記憶、研究を推進する努力を強化することを誓」った[29]。

そのＩＨＲＡが二〇一六年のブカレスト総会で、「反ユダヤ主義《アンチセミティズム》作業定義」なる文書を採択した[30]。内容は、「反ユダヤ主義とは、ユダヤ人のある種の捉え方であり、ユダヤ人への憎悪として表出される場合もある。反ユダヤ主義の修辞上および有形上の現れは、ユダヤ人または非ユダヤ人の個人および／またはその財産、ユダヤ人コミュニティの諸機関および宗教施設に向けられるものである」というわずか二文、内容の不明瞭さと曖昧さが問題視された。だがこの二文以上に物議を醸したのは、定義を具体化する指針として掲げられた「例示」である。起案に当たったサイモン・ヴィーゼンタール・センターのマーク・ヴァイツマンらの提示した一一項目の例示のうち七項目がイスラエル国家・政府に関するものであり、解釈次第でイスラエル政府批判の多くを反ユダヤ主義扱いできたからである。そのためＩＨＲＡ総会では例示への反対意見が相次いで削除され、上記二文のみが正式採択されたのだが、それにもかかわらず、その後の不透明な経緯により公表時には指針と例示が一体化されてしまった。この経緯を追跡して、ＩＨＲＡ事務局から適切な説明がなされていないことを克明に告発する報告書がある[31]。ＩＨＲＡによる「反ユダヤ主義」定義の見直しが、アメリカ合衆国国務省の「反ユダヤ主義」定義と深く関係することにも留意が必要である[32]。

法的拘束力なき定義が各国の行政で擬似法規的に扱われ、まるで拘束力ある文書のようになっていることも問題視されている。イギリスでは、まずは労働党の政策問題として浮上した「反ユダヤ主義」定義が、しだいに各大学等でイスラエル政府批判のセミナーや集会を中止させる行政上の根拠として使用されたことが指摘されている[33]。欧州連合では、二〇一七年に欧州議会がＩＨＲＡ定義に準拠して「反ユダヤ主義との闘争」を議決するとともに、加盟各国政府等にＩＨＲＡ定義の採択を促して「反ユダヤ主義」が疑われる事案の司法上の扱いや告発にあたって効果的に活用するように求め、欧州理事会も同様の決定を行った[34]。実際、各国でＩＨＲＡ定義を採用する政治的決定や大学等での採択が広がり、ヨーロッパの多くの国でＩＨＲＡ定義の制度化が進んだ。他方、このようにＩＨＲＡ定義が制度化されることでその濫用が懸念されたことから、この定義に批判的な多数のホロコースト研究者らが連名で対案を策定し、「エルサレム反ユダヤ主義宣言」として公表した[35]。そこでは、パレスチナへの共感とシオニズムやイスラエル政府への批判を含む、ＩＨＲＡ定義とはまったく異なる「反ユダヤ主義」定義が示されている。

ドイツではアライダ・アスマンが、政府によるＩＨＲＡ定義の採択時にさらに改変が加えられたことを指摘している。ＩＨＲＡの公表した例示の前に付された解説には、一般的なイスラエル政府批判は反ユダヤ主義とみなさないという但し書きが添えられていたが、これが削除されたというのである。[36] また、法的拘束力を持たぬはずの定義が諸機関で使用されて制度化された結果、ドイツでも統計上の扱いや個別事案の判別に問題の生じていることが指摘されている。[37] こうして反ユダヤ主義の定義は最大限に拡張され、すべてのイスラエル政府批判を反ユダヤ主義と同一視し、告発・抑圧する条件が整った。ンベンベらが餌食にされた政・官からの攻撃の起点はここにあった。ドイツでは近年、凶悪犯罪も含めて極右によるユダヤ人への暴力が拡大して由々しき事態になっているということだが、その一方で、反ユダヤ主義的事案とされる中にはイスラエル政府への抗議集会やデモ時の出来事が多く含まれている可能性が高い。事実として、移民や難民のムスリムによる反イスラエル感情を伴う嫌がらせや暴力も多く発生しているようだが、これらが伝統的なユダヤ人嫌悪によるものか、イスラエル政府への反感によるものかは判別しがたい。だが、そうした事情が考慮されることなく十把一絡げで反ユダヤ主義の範疇に組み込まれてしまう。慎重な腑分けが必要であり、個々の事案の内容と性格を問わずに統計だけを見て短絡的に反ユダヤ主義の拡大を口にするのは避けねばならない。定義変更による政治的・行政的・司法的作為を広く「定義の政治」と呼ぶ。[38]

ＩＨＲＡ定義と併せて問題視されているのが、連邦議会によるＢＤＳ非難決議である。[39] ＢＤＳ運動は、イスラエルの国際法違反やパレスチナへの差別と暴力に抗議して「ボイコット・投資撤収《ディヴェストメント》・制裁《サンクションズ》」を呼びかける世界規模の社会運動である。左右問わず議会会派の圧倒的多数が連名で提案した連邦議会決議は、この運動をナチのスローガン「ユダヤ人からは買うな！」と重ね合わせて断固糾弾し（記憶の濫用だ）、運動賛同者や賛同団体の関係する行事への支援を行わぬよう行政に強く求めていた。ンベンベ招聘取り消し要請は決議の誠実な遂行にすぎぬと主張するクラインは正しかった。

ドイツにはすでに多数のムスリムが労働移民や難民として流入・居住し、パレスチナ人やアラブ人も少なからずいる。これらイスラエルによる深刻な人権侵害をみずから経験し身近で見聞きして深刻なトラウマ的記憶を抱える人々の間にＢＤＳ賛同者がいても不思議はない。だが、決議の内容が行政的に発動されると、彼ら彼女らが関与する運動や行事の多くが国家的監視や社会的制裁の対象となり、市民的権利の侵害に晒されかねない。世界各地のユダヤ人やイスラエル人の知識人二四〇人が「「ＢＤＳ」と反ユダヤ主義を同一視するな」との声明を発出したが[40]、ドイツに到着した瞬間にこの署名者たちも、たんなるイスラエル政府批判者ではなくなり、批判者であるがゆえに「反ユダヤ主義者のユダヤ人」にされてしまう。この排他的決議がヨーロッパを席巻するイスラモフォビアと無縁かどうかは問うに値する。ヨーロッパでは、イスラモフォビアがすでにかつての反ユダヤ主義と入れ替わったとの指摘もある[41]。

ハーバーマスは「歴史家論争2.0」に応える「新・歴史家論争[42]」のなかで、植民地的過去の記憶を抱えた移民によるドイツの政治文化の刷新可能性に肯定的な姿勢を口にする。他方、国籍を取得して新たな市民となるべき移民が「反ユダヤ主義に対する厳格な非難」を不可避の核心とする「わが国の政治文化と歴史を受け入れる」ことは、彼にとって自明の前提である。だが、この「厳格な非難」に

ＩＨＲＡ定義や連邦議会決議が滑り込むと、ＢＤＳ運動賛同者はそもそも市民資格を否定されてしまう。逆に言えば、イスラエル政府への姿勢やＢＤＳが市民認定の踏み絵として機能することになる。はたしてこれは、ムスリムの移民や難民を多数受け入れて否が応にも多文化化するしかないドイツ社会の統合に寄与するのだろうか。「戦う民主主義」の倫理では、一般的な国家帰属のレベルを超えて個人の人格の深部に突き刺さるトラウマ的経験と記憶に踏み込むことが許されるのだろうか。多数の民間人の犠牲に目もくれずにイスラエル支持の声明を公表して批判（と喝采）を浴びたハーバーマスにそのことを問うても無意味かもしれない。実際、過去にハーバーマスはテロリズムを論ずるなかで、「パレスチナのテロリズムは、それが殺人を中心として、敵、女性、子供の無差別な抹殺を中心として展開しているという点で、なおある時代遅れの特徴——生命対生命——を有しています」[43]と述べたことがある。「敵、女性、子供の無差別な抹殺」なる激しい表現は、現下のそして長く続いたガザ地区や西岸地区でのイスラエルの国家暴力にこそふさわしいとも思われるが、そうしたことを一顧だにせず、文脈的にも唐突に「パレスチナのテロリズム」のみを取り出して言及したハーバーマスの抱くパレスチナ像は、それとして検証される必要があるだろう。もとより、モーゼスらの指摘した「過去の克服」の意味変容が「歴史家論争1.0」の勝者に気づかれているはずもない。

しかし、それだけか？

冒頭の問いに立ち返ろう。以上の素描からは、ドイツにイスラエル批判を求めても虚しさだけが漂ってくる。イスラエル無条件支持を国是と断言して一体化し、反ユダヤ主義を口実にイスラエル批判を一切許さぬ思想と体制を構築してきたのだから、批判する余地などどこにもない。だがこれは、ホロコースト責任に由来する倫理的次元や、歴史家論争後の自縄自縛だけで説明できるのだろうか。戦後早くから（西）ドイツとイスラエルの二国間関係の基盤が贖罪よりむしろ実利だったことはすでに指摘されてきた。この説明も不十分に思う。モーゼスらの指摘したふたつの歴史家論争間の文脈の変化、とりわけ東西統一を果たしたコール政権がそのさなかにホロコースト記憶の扱いを転轍させたという一国的要因に加えて、ドイツ一国に止まらぬグローバルな政治・経済・軍事・思想の巨大な変容にホロコースト言説を位置づけた全面的再審が必要というのが筆者の観測である。冷戦終結とグローバル資本主義の展開、グローバル・サウスの台頭と人口移動、欧州統合の進展と変容、人権や民主主義の高揚と揺らぎ、帰属とアイデンティティをめぐる葛藤など、考慮すべき要素は夥しく存在する。この複雑な世界の構図中にホロコースト記憶（ナチ犯罪総体の記憶でもよい）がどう組み込まれたのかが重要だ。

同時に、ドイツへの失望の裏返しでホロコースト記憶をたんなる道具視した平板な議論に陥ることも厳に慎まねばならない。他の多くの悲劇的事件がそうであるように、ホロコースト記憶は個々の人格の奥深くに突き刺さり、生き方を大きく左右するからである。一方で醜悪な犠牲者競争を引き起こしながら、他方で暴力に晒された人々の連帯を育む可能性を持ったホロコースト記憶の多方向への展開可能性は、本章のために参照した論争や討論の場でも様々に語られていた。これまでドイツは世界が仰ぎみるべき師範とされてきたが、これはホロコースト記憶の特定の扱いから生まれたひとつの像にすぎなかった。その像は崩落した。今、私たちの眼前にあるドイツは、私たちとともに間違い迷走し苦渋する仲間である。

補論2　ホロコーストとナクバを貫く話法

――バシール・バシールとアモス・ゴールドバーグたちの挑戦――

ユダヤ機関がアパートを用意すると約束してくれたので、私たちは彼らのところに行って鍵をもらい、ジャッファに到着しました。港から遠くない場所にあるフェンスで囲まれた家でした。解錠し、門を開いて足を踏み入れた瞬間、私たちは目を疑いました……。ショックを受けました。家は綺麗でしたが、家のなかに入ることさえできませんでした。庭には皿がセットされた丸いテーブルがあり、これを目にするやいなや……私たちは恐怖に駆られたのです。のみならず、私たちは直視することができませんでした。それは私たちを傷つけました。どうしたら直視できるというのでしょう。どのようにして自分たちが家を後にし、すべてのものを置いていかなければならなかったか、思い出したのです。ドイツ人がやってきて、私たちをゲットーに放り込んだときのことです。ここでもまったく同じ状況で、留まる選択肢はありませんでした。ドイツ人と同じことをしたくなかったのです。私たちは立ち去り、鍵を返して、ナハラトに住みました。(1)

これはバシール・バシールとアモス・ゴールドバーグを編著とする『ホロコーストとナクバ――歴史とトラウマについての新たな話法』に記された、ホロコースト生存者《サヴァイヴァー》のゲニア・コワルスキー（以下、人名表記は訳書に従う）が、一九四九年初頭に夫ヘンリクとともにパレスチナ／イスラエルのヤッファ（ヤーフォー／ヤッフォ）にたどり着いた時の記述である。ナチによるユダヤ人へのホロコーストと、シオニストによるパレスチナのアラブ人へのナクバをひとりの人間の経験として共存させるこの情景のなかでの決断を、寄稿者の一人アロン・コンフィノは「個人的な道徳上の選択」とし、イスラエルの集合的記憶ではこれが「例外的」であることを指摘した（一六八頁）。これはまた、同書中に頻出する詩人アヴォート・イェシュルンの「ヨーロッパのユダヤ人のホロコーストとエレッツ・イスラエルのアラブ人のホロコーストは、ユダヤ民族の一つのホロコーストだ」という箴言と共鳴する。引用中に複数回登場する「鍵」は、一九四八年以降のパレスチナの歴史、すなわち暴力的に追われた自宅への「帰還」を求める意志の象徴でもある。「この鍵は私たちのものではない」とゲニアは語っているかのようである。

編者らによれば『ホロコーストとナクバ』は、「ユダヤ人とパレスチナ人の歴史における非常に痛ましくトラウマ的な二つの出来事、ホロコーストとナクバ」（二二頁）を取り上げ、ユダヤ人とパレスチナ人の間にある排他的な「二つの主流ナラティヴの二分法を緩和して、これに挑戦《チャレンジ》すること」を目的としている。「それぞれの出来事の独自性、その状況と結果、そしてそれらの違いを尊重しつつ、両方のナラティヴを同時に扱える共通の歴史的・概念的な枠組みを備えた位相」を見出し、「「ホロコーストとナクバ」あるいは「ナクバとホロコースト」という組み合わせが、歴史的、文化的、政治的に意味を持つような語法と話法を提案」(二六～二七頁)するための場を開こうとするのである。この決意のもと、編者の構想への共感度には多寡があるとはいえ、外国在住者も含むユダヤ人・パレスチナ人双方の人文・社会科学諸分野の研究者が招聘され、長期の討議と執筆の努力が重ねられた。ホロコーストの唯一無二性《ユニークネス》と比較不可能性という世俗宗教的主張を何の疑いもなく自明視し公理化してきた歴史表象と言説空間への至上の挑戦である。この試みが、ナクバの記憶を徹底的に消滅させるイスラエルの国策下でなされたことに留意したい。

この書の書評掲載を『西洋史学』編集委員会に提案したのは二〇二三年七月九日だが、わずか三カ月後に始まった暴力と殺戮が、この挑戦の歴史学的意義をいっそう深めている。筆者(橋本)は「ジェノサイド」の語の政治的使用に異を呈し、分析概念としての安易な使用を戒めてきた。だが、国際法上の本来的意味での「ジェノサイド」としての処断を真剣に考慮されるべき凶行が、ホロコースト犠牲者を標榜する国家の手でなされているのを眼にして、西洋史学研究者がこの書を読む責務への思いは募るばかりである。同書中でたびたび語られるとおり、ホロコーストは歴史に属し、ナクバは一九四八年で完結せず現在進行形である点で両者の差異は極まるが、だからこそ現在と過去を直接に取り結ぶ現代史叙述の再審が厳しく要請されるからである。現実は、『ホロコーストとナクバ』の志向した共存と対話(即時の和解のような甘い話ではない)の可能性を、ガザの人命や建造物とともに粉微塵に破砕し続けているけれども、たとえ遠のいたにせよ、いつかは始まるであろう再生への糸口は、編者らが希求し提案しようとする「語法と話法」に求めるしかないはずだ。その際には、二〇二三年に始まる新段階のナクバの語りもそこに統合されるであろう。ナチによる「最終解決」はパレスチナ人に唆されて始まったと公言して憚らないイスラエル首相ネタニヤフ（一一〇頁）の存在自体、現在進行中のナクバの新段階を象徴し、ホロコーストとナクバを同一の場で関連づけて論ずる必要性を体現している。臼杵陽による行き届いた「改題」のおかげで解毒されているとはいえ、他所では「イスラモファシズム」なる乱暴な語の使用を厭わぬジェフリー・ハーフの著作[2]が、パレスチナとナチズムの関係を考える際に参照できる数少ない日本語文献だったから、この『ホロコーストとナクバ』が刊行されてその惨状を克服する道が開かれた意義は大きい。

編者二人による「イントロダクション　ホロコーストとナクバ——歴史、記憶、政治的考察のための新たな語法」は、眼前の事態を歴史的に深く捉えるためにも、西洋史学などの再審を考えるうえでも必読である。ポストコロニアルの見方と対照させることで、従来のホロコーストの語りがヨーロッパの啓蒙的で自由民主主義的な倫理の護教論であったことをあぶり出し、そこに生ずる深い裂け目を縫い合わせる語法を得るための手立てを、文化、歴史、倫理・政治の三つの位相で提示するからである。その際に重視されるのが「共感的動揺（empathic unsettlement）」であり、その背後にはリン・ハントが『人権を創造する』で提示した「共感」がある。他者との差異を差異として認めながらひとつの場に持ち込み、「固く閉じられた民族的ナラティヴ」（四六頁）を揺るがし中断させて、他者との同一化に陥らぬ共感の可能性を探ろうとするのである。同書のすべての寄稿者がこの方略を使いこなせたかどうかは吟味が必要だろうが、絶対的に対立させられた二項を接続する努力が重ねられているのは間違いない。さらに、この枠組みは二民族主義《バイナショナリズム》という政治的プログラムに置換され、その具体的な政体構想として連盟、連邦、並列国家構造《パラレル・ステート》、共同統治、二民族国家といったいくつもの選択肢が提示される(四九頁)。こうした構想とは裏腹に現実世界では、二民族主義どころか国際合意の「二国家解決」さえ歯牙にもかけぬ過激な言葉が発せられているが、「共感的動揺」に耐えられぬこのような国家的な集合的心性はいかにして形成されたのか、ホロコースト研究の射程は、本来そこにまで及ばねばならなかったはずである。『ホロコーストとナクバ』では、たとえば「第三章　ベンヤミン、ホロコースト、そしてパレスチナ問題」(アムノン・ラッ＝クラコッキン)や「第八章　追放とはどのようなものか?」(ヨヒ・フィッシャー)などが手掛かりを与えている。

上述のとおり、この書はホロコーストをめぐる現代史叙述の再審を求めるものだが、収められた論考中に狭義の歴史学論文は多くはない。ジェフ・イリーの書評で指摘されたとおり[3]、ホロコーストとナクバをマクロな歴史の枠組みのなかで扱う論考は「第一章　ユダヤ人とパレスチナ人を襲った災厄の前触れ」(マーク・レヴィーン)に限られ、同じく歴史家の筆になる「第六章　コワルスキー夫妻が歴史に挑戦したとき」(アロン・コンフィノ)と「第九章　苦しみと被害者意識についての民族的ナラティヴ」(オメル・バルトフ)はミクロな個人のナラティヴに傾斜(ただし、これらは歴史叙述の新たな形式を希求する試みである)、他の多くは文学と詩学、美術、思想、神学や言説・表象分析からのアプローチである。とりわけ第四部は、その全体がエリヤース・フーリーの小説『ゲットーの子供たち――わが名はアダム』の評論に当てられ、『ホロコーストとナクバ』全体として歴史学文献というよりも文芸論・表象論的なそれとの印象も否定できない。実際、私たちは、ホロコーストを描くユダヤ人女性画家がナクバの図像を手掛けるパレスチナ人男性画家に及ぼした感化の作用を扱う「第一〇章　記憶の文化――レア・グルンディヒとアベド・アーブディーの作品におけるホロコーストとナクバのイメージ」（タル・ベン＝ツヴィ）に典型的に見られるとおり、歴史学以外の諸章を通じて、かつて記憶のなかに存在したホロコーストとナクバとの抜き差しならぬ関係の自覚と隠蔽の過程に触れることができる。

英文の歴史学雑誌に掲載された書評中には、歴史学の存在感の微弱さを難点のように仄めかし、一九四八年の経験的・分析的な歴史叙述の欠落が残念と指摘する例もある。だが、はたしてこれは正当な評価なのだろうか。確かに、同書でこの種の叙述が乏しく、むしろ詩や小説の分析に媒介された時代描写に傾斜していることは間違いない。だが、ナクバの時系列的な事実と分析を知りたければ、これを典型的な「民族浄化」と喝破した歴史家イラン・パペの一連の著作[4]を読めば済むし、通史を学ぶには、二〇二三年の年末に邦訳書の出たラシード・ハーリディーの著作[5]を手に取ればよい。ただ、『ホロコーストとナクバ』にはイスラエルのニュー・ヒストリアンの姿がないとのイリーの指摘には一理あり、指摘への編者らの応答は明確な解を与えていない。だが、そのことをもって同書の歴史学上の意義を減ずることはできないだろう。

筆者の見るところ、この書はホロコーストに関わる現代史叙述への再審要求に止まらず、歴史学それ自体の限界を告発しつつその可能性を模索する、優れて批判的な試みとして捉えることができる。

そのことを端的に読み取れるのが、小説の語り手アダムから発せられた「歴史は盲目の獣だと感じる」という言葉に注目する「第一四章　沈黙を書くこと――フーリーの小説『ゲットーの子供たち――わが名はアダム』を読む」（ラーイフ・ズライク）である。

歴史学は文書史料に依拠して成り立つ学問であり、国家の後ろ盾《ステイト・スポンサード》を得た文書館[6]は多くの歴史家が胸を高鳴らせて紙の束に向かう仕事場である。だが、作中のアダムとその言葉に引き寄せられたズライクによれば、歴史学の標榜する客観性への要求自体が、「歴史の両側に平等に適用されるわけではない」（三五五頁）。アダムは、「自分の言い分を証明できる文書《ドキュメント》をもっていないことはわかっている」と述べ、文書はなくとも「虐殺は彼ら［被害者］の魂に刻まれ、彼ら全員の命とともにある。自明で当然のことを証明すべき理由など、彼らにはない」と断言する。数十年に及ぶ持続的追放と拘禁と殺戮によって言葉を奪われ、依拠すべき文書《ドキュメント》を残しえぬ人々に史料実証主義を強要するのは、それ自体、歴史学の本性をなす暴力ではないのか、との糾問である。私たちの生きる現実の場では、二〇二三年一〇月以降、パレスチナの文書館への壊滅的な打撃が従来にもまして加速されたことも伝えられている[7]。乏しくとも残された文書さえ収奪され破壊されているのである。アダムやズライクにとって「歴史」というディシプリンを究極の裁定者として受け入れることは、戦いが始まる前から敗北することを意味」し、そうであるがゆえに彼（ら）は「歴史のディシプリンから逃れて、かわりに文学に依拠」（三五六頁）する。歴史の再審を求めるこの本の多くの章が詩人や作家や画家を論ずるのはそれゆえと解することもできる。同時に、遅塚忠躬が『史学概論』で考えあぐね、開き直り的にしか解を見出せなかった歴史学におけるカント的問題をここに捉えることもできる。だが、これに続けてズライクは、「フーリーは歴史の中に真実があるという考えを捨ててはいない。しかし私たちが真実に直接的・無媒介的にアクセスできると考えるのは素朴である」（三五七頁）と、思慮深い救いの手を差し延べる。応答かどうかはわからぬが、寄稿者のひとりオメル・バルトフは近著で、「踏みつけにされ破壊された人々の運命を集めて記録し、書き留めて統合するのは歴史家の責任である」(8)と宣言した。ただし、ほぼ時を同じくして、その彼が歴史家の足取りを踏まえた小説(9)を書いたことにも留意しなければならない。

最後に、第7章で論じたこととも関連するが、植民地主義の延長線上で内部的軋轢を外部化してホロコーストとナクバへと導いたヨーロッパとりわけドイツが、従来のホロコーストの語りを通じて何を得てきたのか、西洋史学にはこの問いに答える責務がある。パレスチナでの殺戮を前にしたヨーロッパの分裂とドイツの迷妄は、戦後史と同時代史のいかなる構図によってもたらされたのか。はたしてドイツの公文書館には、そのことを解き明かすための史料が仕舞われているのだろうか。筆者はそのことへの答えを心の底から知りたいと思う。

第8章　ナチ犯罪とヴェトナムとパレスチナを接続する

——バートランド・ラッセル法廷の継承——

はじめに

一九七〇年二月三日、エジプトのカイロで開催中の国際議員会議の場では、前日に亡くなったばかりのイギリスの数学者・哲学者バートランド・ラッセルの辞世のメッセージが読み上げられた。亡くなる二日前に書かれたものである。

この小文のなかでラッセルは、一九六七年の六日間戦争（第三次中東戦争）後も継続するイスラエル・エジプト間の戦闘、特にイスラエルによる度重なる攻撃を念頭に、空爆が「民間人住民を説き伏せて降伏させることはない」と説いた。本旨は空爆批判にとどまらず、むしろ建国以来二十余年にわたって「パレスチナ人の悲劇」を生んできたイスラエルの罪責を厳しく問い糺すところにあった。彼はこう語る。

ヨーロッパでナチスの手によってもたらされたユダヤ人の被害ゆえに、われわれはイスラエルに同情しなければならないのだとたびたび言われてきました。私はこの言い分には、どんな被害であれそれを永続化させる理由を認めません。今日イスラエルが行っていることが大目に見られることなどありえないし、現在の恐怖を正当化するために過去の恐怖を持ち出すことはたいへんな偽善です。イスラエルは、莫大な数の難民に悲惨を運命づけているだけではありません。占領下にあるアラブ諸国民が、軍事支配を運命づけられているだけではありません。イスラエルは、最近ようやく植民地支配を抜け出したばかりのアラブ諸国民に貧困化の継続を運命づけてもいるのです。(1)

ラッセルがパレスチナを語るのはこれが最初ではない。その三年前、六日間戦争直後の一九六七年六月一二日には「イスラエルの侵略」なる声明を発して、イスラエルによる占領とこれに「暗黙の是認」を与える西欧諸国を非難、さらに同月末の「ナパーム電撃戦」と題した小文では、イスラエルによるナパーム弾使用を糾弾して禁止を呼びかけている。ここでもラッセルは断固として、「ヒトラーによるヨーロッパ侵略時のユダヤ人犠牲者に正しく同情する者は、イスラエルの生存を領土征服方針と同一視すべきではない。侵略は正当化できず、その完全な意味を知る者がこれを犯した場合にはなおさらである」と述べる。(2) 戦争と虐殺の悲惨を熟知する者こそが率先して担うべき倫理的義務の指摘である。

一九六七年は、核兵器禁止などを求めて長く平和運動に携わったラッセルの生涯にとって格別の意義を有する年であった。彼の呼びかけでヴェトナムにおける戦争犯罪を裁くための国際民間法廷、通称ラッセル法廷が、同年五月にストックホルム、一一月にはコペンハーゲン近郊のロスキルドで開催されたからである。二度の会期《セッション》のはざまに六日間戦争が勃発したのは偶然にせよ、もっぱらヴェトナム戦争や核兵器廃絶と結びつけて想起されがちなラッセルは、実際にはヴェトナムとならんでパレスチナの展開をも等しく注視していた。ラッセルによれば、ヴェトナム人が空爆に屈することがないのと同じく、パレスチナ人は抵抗への決意を固めるだろうし、ヴェトナムに大量投下された対人残虐兵器のナパーム弾は、アラブ諸国でも許されざるものだった。ふたつの戦争はいずれも、第二次世界大戦とナチ犯罪の教訓に基づく平和への希求を添えてその犯罪性が糾問されるべき国際上の緊急課題だった。イスラエルを特権化せずふたつの戦争を一体的に理解し糾弾するラッセルの思想と姿勢は、ドイツ的な「想起の文化」を擁護してパレスチナの犠牲には目もくれないユルゲン・ハーバーマスとはいちじるしい対照をなす。それはむしろ、言語学者としての顔とは別に合衆国の政治と戦争を批判する急先鋒を走り続けてきたノーム・チョムスキーや、高名だがある意味で異端的な国際法学者リチャード・フォークらの知識人によって継受されてきたと捉えるのがよいだろう。二人はともにユダヤ人である。

本章では、バートランド・ラッセルの遺志を導きの糸として、ナチ犯罪とヴェトナム戦争とパレスチナにおけるイスラエルの蛮行を接続し、ひとつの同時代史的な系として認識する意義について考える。そのために以下では、ラッセル自身が呼びかけた一九六七年のラッセル法廷と、半世紀近くを隔てた二〇一〇年から二〇一四年にかけてパレスチナにおけるイスラエルの国際法違反を問い続けたラッセル法廷パレスチナという、ともにラッセルの名を冠したふたつの民間法廷を取り上げる。(3)

これらはともにバートランド・ラッセル平和財団の後援のもとに開催され、ラッセル法廷パレスチナ（以下「パレスチナ法廷」）は平和運動上のラッセルとラッセル法廷の功績の記憶を明文的にも人的にも受け継いでいた。だが、五〇周年を記念してこれを想起した『歴史評論』第八二三号（二〇一八年）の特集「民衆法廷運動の軌跡と現在——「ラッセル法廷」を中心に」には、なぜか後者への言及はまったく見られない。第4章でも触れたとおり、日本で長く忘却されてきたラッセル法廷への注目を促した点でこの特集には格別の意義があったが、それ以降に世界各地で取り組まれた各種の民間法廷に言及しながらも、直接の系譜を受け継ぎしかも直近に度々開催されたパレスチナ法廷は一顧だにされなかったのである。ここには、第1章で触れた歴史学者をがんじがらめに捕縛する「記憶政治の網の目」、より正しくは法廷の存在自体を不可視化させる無意識の壁の存在を窺えるように感じる。だが、二〇二三年一〇月以降のイスラエルによるパレスチナ民間人へのとめどなき殺戮と、それを頑なに支持し続けるアメリカ合衆国やドイツの振る舞いを踏まえるならば、ほぼ一〇年前にパレスチナ法廷が下した罪状認定と国際法に即した判断には格別の意義があるだろう。くわえて、第二次世界大戦時のナチ犯罪以来の戦争記憶の継承のされ方を批判的に捉える系譜学的関心にとっても、この法廷に触発されるところは大きい。ふたつのラッセル法廷を接続させる視点からは、私たちが現在の殺戮と

「野蛮」を考える際の躓きの石の所在がおのずと明らかになるはずである。

1　ラッセル法廷（一九六七年）

戦争犯罪国際法廷の着想と準備

北爆開始以前の一九六〇年代の早い段階からすでにヴェトナム戦争の推移を注視していたラッセルが、アメリカの戦争犯罪を「裁く」ための国際法廷の開催に向けて本格的な行動を開始するのは一九六六年春頃のことである。(4) カナダのマクマスター大学に附設されたバートランド・ラッセル文書館には、ラッセルがジャン゠ポール・サルトルをはじめ多くの関係者に書き送った書簡などの草稿や写しが多数残されている。そのうちサルトル宛の同年四月一九日付書簡では、秘書のラルフ・シェーンマンがヴェトナムを訪問し、病院や学校等の公共施設への空爆に加えて化学兵器や毒ガスを使用した証拠を入手したことを述べ、「合衆国の戦争犯罪に関する完全な証拠を聴取する国際的に尊重される高い代表性のある法廷」が必要だとしてサルトルの参加を慫慂した。(5) トロツキー伝で名高い歴史家アイザック・ドイッチャーらには、「剃刀状の鉄片を含む特殊爆弾」やナパーム爆弾・リン爆弾などが南北ヴェトナムに集中投下されていることも書き添えた。証拠《エヴィデンス》に基づく罪状認定と国際司法の手続きを踏まえた判断を志向する意図をそこには読み取れる。ドイッチャーは「急ぎ賛同を伝えたい」と返信し、あわせて法廷より調査委員会がふさわしいのではと問いかけた。ラッセルはこれに「急ぎ討議中」と応じたが[6]、結局は民間法廷という体裁が選ばれた。この頃、ラッセル法廷には合流しなかったものの、当時まだ三〇代のリチャード・フォークがアメリカ国際法学会を動かして、数々の異論を視野に収めつつヴェトナム戦争の国際法上の性格を克明に検証する科学運動を展開していたことを想起しておきたい[7]。

法廷の準備を進めるラッセルは、八月末にジョンソン合衆国大統領に書簡を送った。その文面には「出廷して、あなたの指示により実行されている行為に関する証拠と目撃者証言に含まれる告発に応えてみずから弁護されるよう求めます[8]」とある。司法手続き上の当事者原則に立って弁明の機会を用意したものだが、挑戦状を叩きつけたものとも読める。もとよりジョンソン政権は、ＣＩＡに関係者の挙動を監視させており、大統領らを戦争犯罪やジェノサイドの罪で裁こうとしていることも承知の上である。求めに応ずるはずはない。

この後ラッセルらは、九月一五日に準備状況を伝える書簡を関係者に送付、翌年春の法廷開催を見越して派遣する調査団の帰国を待ってパリで記者会見を開くとともに、その際に準備会議も行う予定であることを告げた[9]。一〇月三日には、一一月一三日にロンドンでラッセル法廷設立会議を開催することを伝える電報が各方面に送られた[10]。同日から数日間開催されたロンドン予備会議では法廷の性格と構成をめぐる議論が交わされ、一二月七日にはパリ会合で目的や規約を示した最終文書が確定された[11]。同年晩夏から初冬にかけてめまぐるしく準備の進んだことがわかる。これに呼応して日本でもほぼ同時期に、弁護士の森川金壽らを中心に「ベトナムにおける戦争犯罪調査日本委員会」が結成されて北ヴェトナムへの独自調査団派遣などの準備が進んでおり、その経緯や成果は逐次ラッセルにも伝えられた。(12) これらのプロセスを詳述することは本章の射程外だが、残された書簡等の史料からは、この法廷を実現させるために乗り越えるべき障碍が、各国政府による妨害にとどまらず運動の内外に複雑に入り込んだ形で存在していたことが窺える。そうした各種の障碍にもかかわらず、ラッセル法廷は一九六七年五月に開廷した。

目的・構成・判決

事前会合で確認され法廷の場で開示された「国際戦争犯罪法廷の目的と目標」の冒頭には、次のように記されている。

人類の良心は、ベトナムで行われている戦争のためにひどくかき乱されている。それは、世界でもっとも裕福で強力な国家が、四半世紀にわたり独立を求めて戦ってきた貧しい農民からなる国《ネイション》に対して行う戦争である。この戦争は国際法と慣習国際法に違反して行われている。(13)

ラッセル法廷は、国家や国際機関の後ろ盾を得た公式裁判ならざる民衆法廷であり、それゆえ強制力を持ちえぬものである。そのことを重々踏まえたうえで、それでもラッセル法廷が国際戦争法や人道法に即してみずから設定した検討事項は以下の五点である。

一、合衆国政府（及びオーストラリア、ニュージーランド、大韓民国政府）は国際法による侵略の罪をおかしたのか。

二、アメリカ軍は新型兵器又は戦争法で禁止された兵器を使用し、あるいはその実験を行ったのか。

三、例えば病院、学校、サナトリウム、ダム等々の、純粋に民間の性格を有する標的への砲爆撃は行われたのか、そしてどれほどの規模でこれは起こったのか。

四、ヴェトナム人捕虜は戦争法により禁止された非人道的処遇と、特に拷問や手足切断を被ったのか。民間人住民への正当化できない報復、とくに処刑や人質は生じたのか。

五、強制労働収容所は作られたのか、住民の強制移住その他の住民絶滅に向かうその他の行為はあったのか、法的にジェノサイドとして特徴づけ可能な行為はどれか。(14)

これらの事項について罪状認定を行い判断を下す法廷の構成員は、名誉総裁バートランド・ラッセル、執行総裁ジャン＝ポール・サルトル、法廷長ヴラジミル・デディエル以下二十余名からなり、イタリアのレリオ・バッソらの国際的な法律家に加えて歴史家ドイッチャー（二度の会期の間に死去）や哲学者のシモーヌ・ド・ボーヴォワール、フランクフルト・アウシュヴィッツ裁判を扱う戯曲『追究』で知られる劇作家ペーター・ヴァイス、メキシコの元大統領ラサロ・カルデナスらが名を連ねた。トルコ、フィリピン、キューバ、パキスタンからの参加も目を引く。(15)

法廷では、陪審を前にしてさまざまに展開された調査活動に基づく多数の証拠提示と目撃者証言が重ねられた。五月二日から一〇日まで九日間にわたって開かれたストックホルム会期では、現地に赴けなかったラッセルからのメッセージも含めて延べ五〇名以上が発言し、証言者のなかには水牛の世話をしていてナパーム弾に被弾し重傷を負った九歳の少年ド・ヴァンゴクの姿もあった。[16] はるばる北ヴェトナムから送り込まれたのである。他方、同年一一月二〇日から一二月一日までコペンハーゲン近郊のロスキルドで開かれたコペンハーゲン会期の発言は、書面によるものも含めて七〇件以上にのぼる。両会期とも、各国調査団やヴェトナム側の関係者が作成した記録映画も多く上映された。

これらの証言と法理の検証を経て法廷は、当初設定された五項目の問いへの「判決」を下した。ストックホルムでは、アメリカの侵略行為を認定し、民間目標への砲爆撃に関しても有罪、さらに五項目に含まれないカンボジアへの主権・領土侵犯も認定した。[17] ロスキルドでは、当初の五項目に加えてラオスへの戦争拡大、タイ・フィリピン・日本の共犯性も審理したうえで、禁止兵器使用、捕虜処遇、非戦闘員処遇、ラオス・カンボジアへの戦争拡大などすべての論点について合衆国の「有罪」を宣告した。[18] さらに、設問の最後に掲げられたジェノサイドについては、ギリシア出身でユダヤ系フランス人の法律家レオン（レオ）・マタラッソーがジェノサイド概念の成立と法理及び適用可能性を説明したうえで、[19] バッソがこれに限定した最終弁論を行い、[20] さらにサルトルが時間を割いて「ジェノサイドについて」なる報告を行って有罪の判決理由を詳述した。[21]「ジェノサイド」は、ラッセル法廷における審理を総括する最重要の概念であり、法廷は満場一致でジェノサイドにつき合衆国を有罪とした。

植民地主義の問題

ラッセルらが民間法廷ながらも国際法廷としての体裁に拘ったとき、その範型と指針を提供したのはニュルンベルク裁判である。法廷支援を訴えてラッセルが社会運動団体の発行する簡易印刷版の小冊子類に書き送った「人類の良心」[22]と題する小文は、ニュルンベルク裁判と主席検事ジャクソン（合衆国司法長官や最高裁陪席判事を歴任）にたびたび言及し、「ニュルンベルクの先例は現在の私たちの状況と関連がある」、「私たちの状況はニュルンベルク裁判を必要とさせた出来事と似ている」、「私たちは、二五年前、ユダヤ人がガス室に押し込められた際に人々が感じたのと同じように感じている」と述べていた。サルトルによる開会の辞では、ニュルンベルク裁判の歴史的意義は「ナチ犯罪に有罪宣告し、より普遍的な意味で、どこで誰が犯したものであれ戦争犯罪を告発して有罪宣告することを可能にする純然たる裁判権への道を開いた」点に認められていた。そして、ニュルンベルク以降長く戦争犯罪を裁く常設国際法廷が設けられず、幾多の犯罪が野放しにされたなか、「ニュルンベルクの死産の子たる **Jus contra bellum**（戦争反対の法）を甦らせること」にラッセル法廷の意義は求められていた[23]。確かにラッセル法廷は「ニュルンベルク裁判の継承[24]」だった。ユダヤ人の莫大な犠牲を含むナチ犯罪への裁きの記憶が、文脈を異にする他の犯罪に接続され、特定事例に限定されない普遍的な「戦争反対の法」への展望として結実させられていた。

だが、ラッセル法廷が審理を進めるにあたっては、もうひとつ重要な前提があった。ヴェトナム戦争を裁きそこでのジェノサイド犯罪の有無を検証するにあたり、これを植民地主義や人種主義のコロラリーとして理解する姿勢である。

ラッセルは、開廷に前後して刊行した論集『ヴェトナムにおける戦争犯罪』の序章で、ヴェトナムが植民地とされ戦火に巻き込まれた過程の系統的整理を試みている。なかでも興味深いのは、第二次世界大戦終結後にフランスの始めたインドシナ戦争をアメリカが支援するにあたり、「もしもその戦争が明らかに植民地征服として描かれるようなことがあればアメリカの支援は停止、と合衆国がフランスに明言」し、「その代わりにこの戦争は反共十字軍という外観を取らねばならないとアメリカは論じた[25]」と喝破したところである。アメリカの圧力により植民地戦争が冷戦的外皮をまとわされたというわけである。世界の冷戦史研究を牽引するウェスタッドは、「歴史的意味としての冷戦は、とりわけ南の側から見ると、やり方を少し変えただけの植民地主義の継続であった[26]」と主張するが、ラッセルの慧眼はこれの先取りのようにも見える。

法廷の場で、ラッセルにもまして明確に植民地主義を論じたのはサルトルであった。彼は、一九世紀以来の「列強諸国、とくにイギリスとフランスが植民地帝国を構築する」なかでたびたび犯した現地住民の虐殺を想起し、特に直近に戦われたアルジェリア独立戦争時のフランス軍の蛮行に触れながら、軍事的な植民地支配と民族的な抵抗運動との不断の相互作用において、「拷問とジェノサイド、これこそが支配下の諸民族による反乱にたいする植民地権力の回答だったのです」と述べる。植民地戦争では民間人の駆逐が必然化し、「機能しうる唯一の対ゲリラ戦略は民族の絶滅、民間人である女性や子どもの絶滅でした」というわけである。サルトルの行論において、ジェノサイドは植民地支配と植民地戦争の本質的契機として理解され、彼はアルジェリア戦争に即してその機序を克明に論じている。さらにサルトルは、「新植民地主義」を奉じ世界規模のヘゲモニーを追求するアメリカの場合にも、「ジェノサイドは抑圧者に抗して決起する一民族全体にたいする唯一可能な対抗策」であることを指摘する。曰く、「ヴェトナム人はすべて潜在的共産主義者であり、そのことは彼らがアメリカ人を憎んでいることから明らかだ」と米兵は信じ込み、「[ヒトラーが]ユダヤ人をユダヤ人であるゆえに殺し」たのと同様に、「アメリカ軍はヴェトナムの男・女・子どもを、彼ら彼女らがヴェトナム人であるというだけの理由で拷問し殺したのです[27]」。ナチ犯罪と植民地犯罪とヴェトナムにおける戦争犯罪は、ジェノサイド犯罪というひとつの系をなす連環構造のなかで捉えられている。

2　ラッセル法廷パレスチナ（二〇一〇～一四年）

バートランド・ラッセル平和財団と『ザ・スポークスマン』誌

本章冒頭で引いた一九七〇年のラッセルの発言後、バートランド・ラッセル平和財団の雑誌『ザ・スポークスマン』などでパレスチナの扱われる例は少なかった。目立ったところでは、イスラエルのレバノン侵攻（一九八二年）とサブラ及びシャティーラ難民キャンプの虐殺についての特集号や別冊パンフレットが刊行され[28]、二〇〇〇年のキャンプ・デーヴィッド会談とその決裂に前後してチョムスキーらの短い論考が少数掲載されたのにとどまる。[29]

しかし、二〇〇〇年代中頃以降状況は一変する。この頃、キャンプ・デーヴィッド会談決裂と第二次インティファーダ、西岸地区の「壁」の違法性について二〇〇四年に国際司法裁判所の発出した勧告的意見とこれを承認した国連総会決議[30]、イスラエルによるガザ地区からの「撤退」と封鎖・隔離状態の現出(二〇〇五年)、自由選挙で成立したガザ地区のハマース政権への合衆国やEU等の不承認とその後の軍事攻撃など、情勢には目まぐるしい動きがあった。二〇〇八年一二月から翌一月にイスラエルがガザ地区で「鋳られた鉛《キャスト・レッド》」作戦を展開すると、チョムスキーが『ザ・スポークスマン』誌にイスラエルの殺戮的意図を暴く「「獣をすべて根絶せよ!」ガザ二〇〇九」と題した長文を寄せ、歴史家のアヴィ・シュライムと国際法学者のリチャード・フォークやジョン・ドゥガードもそれぞれ寄稿した。

この論考でチョムスキーは、「パレスチナ人を五〇万人は殺害しなければハマースの一掃などかなわない」というレバノン系アメリカ人中東研究者の言葉を引きながら、ハマースの上級指導者を殺害してもさらに過激な新世代の登場をみるだけだと書いた。敵の一掃を掲げた目標は必然的に大量殺戮に帰着することを指摘したものだが、これは、サルトルの論じた植民地ジェノサイドが生起する機序そのままである。さらにチョムスキーは、社会学者キンマーリンクの考案した「ポリティサイド」なる概念を援用し、「ひとつのネイションの殺戮という歴史上まれな出来事を静かに目にしているのだ[31]」と結論づけて長文を閉じた。

『鉄の壁』[32]で知られるイラク系ユダヤ人のシュライムは、一九六七年国境によるイスラエル国家の正統性を支持する立場だが、彼にとっても「ガザはポストコロニアル時代における植民地的搾取の古典的事例」であり、民主的選挙によりガザで政権を獲得したハマースをイスラエルが承認せず、合衆国とEUがこれに加担したことは「恥知らず」な出来事だった。イスラエルは「鋳られた鉛」作戦でひどく均衡性を欠いた武力攻撃による戦争犯罪を行っており、もはや「徹底的に恥知らずな指導者の一群が率いるならず者国家」に成り果てているというのが彼の結論である。[33]

さらに、「鋳られた鉛」作戦当時に国連パレスチナ担当特別報告者だったフォークは、作戦開始直前に職務上の調査目的でイスラエルに入国しようとしたところを空港で拘束され、国外追放された経験を記してイスラエルの国連への姿勢を告発した。同時に、イスラエルの使用する違法兵器や被害の実情も伝えたが、それによれば、この時すでにガザ地区では飢餓や栄養失調などの人道危機が切迫し、インフラも破壊され、封鎖のために住民は、逃れて難民になる術さえ奪われていた。[34]

最後に、フォークの前任の国連特別報告者で国際法学者のドゥガードは、南アフリカでアパルトヘイトに抗した理論家らしく、イスラエルの対パレスチナ政策が、南アフリカのそれとは形が異なるにしてもアパルトヘイトに他ならぬことを解明した。また、「スーダン、ジンバブエ、ビルマの人権状況」には厳しい態度を取りながら、イスラエルのそれを黙認する「西側」の二重基準《ダブル・スタンダード》と責任を告発した。[35]これらはパレスチナ法廷の準備中に『ザ・スポークスマン』誌に掲載されたが、以降、同誌は法廷に提出された報告文書や証言等を継続的に掲載し、法廷の進捗状況と暴露された犯罪の数々を読者に伝えていった。

ラッセル法廷パレスチナの開催へ

パレスチナ法廷は、二〇〇四年の国際司法裁判所による勧告的意見を契機に着意された。長らくバートランド・ラッセル平和財団と親交を結びベルギーの上院（元老院）議員も務めたピエール・ガラントが開催を発意したのである。彼は、同裁判所の事実認定とこれを承認した国連総会決議にもかかわらず実効的措置を取れずにいる国際司法上の袋小路と国際社会の怠慢を打開する必要を認め、同財団に支援を求めて準備にあたった。念頭に置かれたのは、もちろん一九六七年のラッセル法廷である。四〇年前と同じく、諸国家や国際機関が戦争と殺戮を止《と》めようとしないのであれば、「イニシアティヴは市民社会の手に渡る」というわけである[36]。

『ザ・スポークスマン』に掲載された法廷開催の呼びかけ[37]は、ラッセル財団議長のケン・コーツ、二〇〇一年サハロフ賞受賞者のヌリト・ペレド（彼女はパレスチナ人による自爆攻撃で娘を亡くしている[38]）、欧州連合へのパレスチナ代表であるレリア・シャヒドの三名の連名で発出された。それによると、計画中のパレスチナ法廷は「サルトルを総裁として一九六七年に開かれたヴェトナムに関する法廷と同じ精神で厳格に活動」するものであり、そこでは「パレスチナ人が犠牲となり、パレスチナ民族から主権国家を奪っている国際法違反を審理しなければならない」とされた[39]。これがパレスチナ法廷の原則であり目的であった。一九六七年のラッセル法廷からの継続性は、そのすべての会期でつねに確認された。

法廷の支援委員会には元ヴェトナム副首相、アルジェリア初代大統領、元スロヴェニア大統領、元オランダ首相、国際司法裁判所裁判長らに加えて各国の大臣経験者や元外交官、学者、法律家、ジャーナリスト、作家、映画監督、人権・平和活動家など七〇名以上の多彩な人々が名を連ね、ジュディス・バトラー、ノーム・チョムスキー、ノーマン・フィンケルシュタイン、ナオミ・クライン、ケン・ローチらも含まれた(40)。欧米が多数を占めるが、当事国のイスラエル・パレスチナ双方に加えて、アルジェリアや南アフリカをはじめ旧植民地諸国からの参加が目を引く。実際の運営を統括する国際組織委員会はケン・コーツ、ピエール・ガラント、ステファヌ・エセル（元レジスタンスでフランスの外交官）ら九名で構成された。陪審を担った顔ぶれは会期ごとに入れ替えがあるが、国際組織委員会メンバーが中核を占めた。ジョン・ドゥガードとリチャード・フォークらの国際法学者、アンジェラ・デーヴィスのような社会運動家、ピンク・フロイドのベーシストでパレスチナ問題に注力するロジャー・ウォーターズや詩人のアリス・ウォーカー、アメリカ先住民団体の代表なども参加した。証言者には、南アフリカのツツ主教ら実に多彩な人々が加わったが、参加を予定しながらイスラエルの妨害でガザ地区から出られなかった証人もいた。事実認定と法的検証を支援する専門家には歴史家のイラン・パペ、チョムスキー、平和学を唱えたヨハン・ガルトゥング、国際法学者でジェノサイド犯罪の法理を説くウィリアム・シャバスら錚々たる顔ぶれが揃っていた。その一方で、森川らが積極的に参加した一九六七年と違って日本からの姿はなく、過去四〇年間に日本の知識社会がこの種の国際ネットワークを喪失ないし離脱したことが窺われる。日本でパレスチナ法廷が一顧だにされずにきた理由の一端と言えそうだが、このことの意味は、「はじめに」で述べた「無意識の壁」とも関連して真剣に問われるべきものであろう。

パレスチナ法廷は、二〇〇九年三月にブリュッセルで開催された予備会議の後、まずは目的と対象事案を異にする四回の会期《セッション》を順次開催することとされた。バルセロナ（二〇一〇年三月一〜三日）、ロンドン（二〇一〇年一一月二〇〜二二日）、ケープタウン（二〇一一年一一月五〜七日）、ニューヨーク（二〇一二年一〇月六〜八日）という大陸を超えた四つの都市で開催される会期である。その上で、これらの場で得られた事実認定と暫定結論を踏まえて、ブリュッセルで開催される最終会期（二〇一三年三月一六〜一七日）で総括的な最終結論を導き、それで閉幕とする予定だった。だが、二〇一四年七月一四日から八月二六日にイスラエルがガザ地区に「境界防衛」作戦と呼ばれる猛攻を仕掛けて多数の犠牲者が出たことから、同年九月二四〜二五日に再度ブリュッセルで特別緊急会期が開催される運びとなった。こうして、パレスチナ法廷は都合六回の会期で開かれた(41)。

各会期の概要

パレスチナ法廷で特徴的なのは、イスラエルの国際法違反自体は国際司法裁判所の勧告的意見や一連の国連総会・安保理決議等ですでに明示されていたことから、その再確認にとどまることなく、国際法違反や不正行為を幇助する多様な「共犯者」の責任追及に注力した点である。ガラントのいう

「国際司法上の袋小路と国際社会の怠慢」自体を俎上に載せたわけである。同時に、建国以来のイスラエルの体制を入植者植民地主義が貫徹したものとして捉えたうえで[42]、これを南アフリカのそれに匹敵するアパルトヘイトと捉える新たな観点が提起されて審理された点も重要である。以下、各会期における主題と成果を確認する。

バルセロナ会期[43]は、①イスラエルの国際法違反、②EUと加盟国による国際法のいくつかの特別規則違反、③EUと加盟国による国際法のいくつかの一般規則違反、④イスラエルの国際法違反へのEUと加盟国による対抗的措置の不行使、を議題に開催された。開催に先立ち組織委員会は、当事者原則に即してバローゾ欧州委員長と各国首脳に書簡を送って見解を問うたが、返信を寄せたのはバローゾ委員長とドイツ外務省中東局長のみで、他からは黙殺された。寄せられた回答も、二〇〇九年一二月の中東和平プロセスに関する欧州理事会決定の確認にとどまった[44]。

法廷では、民族自決権侵害、一九六七年以降の占領継続、パレスチナ人への系統的差別と「アパルトヘイト」、西岸地区における入植とガザ地区の永続的封鎖、「鋳られた鉛」作戦による殺害と破壊など、多くの点でイスラエルによる国際法違反を再確認したうえで、EUと加盟国の責任を問うた。特に、イスラエルの行為がいわゆる「強行規範」侵害に相当するにもかかわらず、口先で非難するだけで実効性ある対応を怠ったことを問題視した。あわせて、自由で公正な選挙によりハマースが政権を掌握したにもかかわらず、EUがハマース当局とは事実上関係を停止させ、他方で、ハマース以上に国際法違反を重ねるイスラエルとの関係を維持していることを取り上げ、これは二重基準で法理に反するとした。加盟諸国によるイスラエルへの武器輸出やインフラ破壊の黙認、連合条約によるイスラエル・EU関係の強化等々はイスラエルへの消極的・積極的支援にあたり、国連国際法委員会の策定した国家責任条文草案に抵触するとも結論づけている。これら一連の判断を踏まえてバルセロナ会期は、EUと加盟国による国際法上の責務の履行、連合条約の停止、ガザ紛争に関するEU加盟国による証拠収集と普遍的管轄権の行使、いわゆるBDS（ボイコット・投資撤収・制裁）拡大のための措置など、九項目にわたる呼びかけを行った。

続いて、ロンドン会期[45]で問われたのは企業責任である。①企業は、イスラエルのどの国際法違反に共犯関係にあるのか、②イスラエルの違反を支援し幇助する企業活動の法的結果とはいかなるものか、③行使可能な是正措置は何であり企業の共犯性に関する国家義務とはいかなるものか、の三点がその場で審理された事項である。そのために、イスラエルと取引してパレスチナへの政策実行に関与する企業、たとえば警備会社のG4S、イスラエルの多国籍軍事企業エルビット・システムズ、ブルドーザを納入するアメリカのキャタピラー社など一二社とEUが法廷に招聘されたが、いずれも参加を拒絶した。ただし、三企業とEUからは書簡が寄せられ、これらは証拠として採用された。

法廷は、イスラエルの国際法違反に関連して企業責任を問えるのかどうかを国際法及び各企業が服すべき国内法に即して検討し、企業も国際法上の責任を負うと判断した。その上で、国内法による処罰やOECD多国籍企業行動指針への抵触可能性なども含めて、各企業が西岸地区での入植地拡大や壁建設、ガザ地区封鎖などに関与した際の共犯性を認定し、同時に、個別企業によるイスラエルとの経済関係の維持はそれら企業が属する国家の責任にも関連するとした。個別企業の責任追及という観点は、体制論的に帝国主義段階にある資本主義総体の責任ばかり語ったラッセル法廷にはなく、企業コンプライアンスが厳しく問われる二一世紀的な経済社会の文脈を逆手に取って法理の構築をめざしたものといえそうである。

次に、一九九四年にアパルトヘイト体制を脱した南アフリカで開催されたケープタウン会期が問うたのは、イスラエル国内及び占領地におけるパレスチナ人住民への政策及び実際の行動が「国際法上のアパルトヘイト禁止の違反にまで達しているのかどうか」であり、「迫害が人道に対する罪に相当するのかどうか」であった[46]。南アフリカにおけるアパルトヘイト撤廃に向けて国連をはじめ国際社会が講じた数々の努力、たとえば国連反アパルトヘイト特別委員会設置や総会からの排除、「アパルトヘイト犯罪の抑圧及び処罰に関する国際条約[47]」の採択などを想起して、同様の国際的努力をイスラエルにも講じうるし、そうすべきだとの信念をそこからは読み取ることができる。

法廷では、アパルトヘイト犯罪の三要件、すなわち①人種集団としての定義、②犯罪を構成する諸行為、③体系化・制度化された人種支配体制、を詳しく検証してこれらを確認し、あわせて、ガザ地区封鎖は集団懲罰に相当して人道に対する罪が成立するとの判断を下した。その際、イスラエル国内のパレスチナ系市民、占領地である西岸地区やガザ地区の住民、隣国等で難民として暮らし帰還を許されない人々など、パレスチナ人の置かれた多様な法的地位や実態の差異に留意して立論された点が重要と思われる。その上で法廷は、イスラエル国家には違法行為の即時停止を求め、すべての国家に制裁を含む圧力行使を呼びかけ、国際刑事裁判所には可及的速やかな調査開始を要望した。同時に、グローバル市民社会にはBDS運動支持も含めて南アフリカの場合と同様の国際連帯を呼びかけ、国連には反アパルトヘイト特別委員会再設置や人種差別撤廃委員会による実態検証を求めている。

最後に、ニューヨーク会期は合衆国と国連の責任を主たる議題に開催された(48)。陪審のひとりで会期の様子を伝える小冊子に序文を寄せたアンジェラ・デーヴィスは、ヴェトナム戦争以来の反戦活動家でブラック・フェミニズム指導者としても名高いが、彼女は、「私たちの目標は、イスラエルによるパレスチナ占領が国連と合衆国の助力のために強まったのかどうか、いかにしてそうなったのかをただ判定するのにとどまらず、むしろパレスチナの正義のための運動を拡大深化させる方途を思い描くこととなるでしょう」と、百戦錬磨の活動家らしい意図を表明した。その冒頭に引かれたジューン・ジョーダンの詩は、「私は黒人女性として生まれ、今、悪の容赦なき嘲笑に抗してパレスチナ人になる」と謳っていた(49)。

アメリカ合衆国がイスラエルにとって最大支援国であり、共犯者であることに法廷が厳しい判断を下したことは再論するまでもない。むしろ重要なのは、国際連合の果たすべき責務を丹念に検証した点である。法廷は、「イスラエルの国際法違反は、かかる違反の阻止を国際連合に義務づけるのかどうか。もしもそうであれば国際連合はいかに対応すべきか」と問う。国際法上の義務主体として国連を捉えられるのかどうか、国連の不作為は不正行為かどうかが検証され、国連の不作為を惹起する構造的要因の解明へと迫っていったのである。

ニューヨークでは、有機体としての社会全体の系統的破壊を意味する「ソシオサイド」なる犯罪概念のパレスチナへの適用可能性も検証された。その提唱者であるヨハン・ガルトゥングは法廷発言のなかで、司法上の概念としては未成立と断りつつ、「範疇としてのソシオサイドは、社会の物質的・構造的・文化的基盤を害することにより社会を殺害する――あるいは少なくともこれをひどく傷つける――ことを指す」とした。また、ジェノサイドやエコサイドとともにソシオサイドは、冷戦期に相互確証破壊（ＭＡＤ）により人類がその瀬戸際にまで追い込まれたオムニサイド（まったき破壊）を構成するものだとも述べた。[50] この概念はおそらく、ガザ地区における経済システム破壊を政治経済学的手法により克明に解明したサラ・ロイの「反開発《デ・デヴェロップメント》」[51]をもその内部に包摂する概念としても了解可能だろう。他方、ジェノサイドからは区別される集団破壊の一形式としてのソシオサイドの概念化は、人の生を意味づける構造であり文脈である社会それ自体を国際法上擁護されるべき価値に位置づけるものであり、パレスチナではそれが無慈悲に破壊されていることを記述し告発するために法廷の場に持ち込まれたものでもあった。前田朗は民衆法廷の課題として「法創造への挑戦」を唱えたが、[52] ソシオサイド概念の提唱もかかる運動の一翼と捉えるのが適切だろう。価値実現のために法を創造する権能は人々の掌中にあるというわけである。

四度の会期を受けて開かれたブリュッセル最終会期では、①イスラエルによる国際法違反をあらためて確認し、②アパルトヘイトとソシオサイドの観点からイスラエルの国家体制を特徴づけて犯罪を告発し、③合衆国をはじめとした諸国家と国連などの国際機関の責任を問い、④犯罪協力する私企業の果たすべき国際法上の責務を明示した[53]。あわせて、国際組織委員としてパレスチナ法廷を中核的に支えながら最終会期を待たずに九五歳で亡くなったステファヌ・エセルを悼みながら、イスラエル政府、国連事務総長と国連諸機関、国際刑事裁判所、ＥＵとその加盟国、すべての国の政府ととりわけ合衆国政府、企業、そして市民社会に向けてそれぞれが取り組むべき課題を明示し、可能な限りの手段を尽くしてイスラエルによる国際法違反を阻止する広範な努力を呼びかけた。その際、パレスチナを特権化せずに、植民地支配下でソシオサイドに晒されたアフリカ・アジア・ラテンアメリカの人々、ネイティヴ・アメリカン、オーストラリアのアボリジニ、西サハラの諸民族の経験も視野に収めてこの概念を錬磨する必要が強調された点に注目したい。ある集団の悲劇的経験は、それぞれの固有のあり方を尊重しながら他の多様な悲劇的経験と接続され統合されてはじめて普遍的な意味づけが可能となり、「記憶の連帯」への可能性が開かれるからである[54]。

ブリュッセル特別緊急会期

以上でパレスチナ法廷は活動を終結し、その後は、ロジャー・ウォーターズが仲間のミュージシャンに音楽産業による加担への注視を呼びかけたように、各々の居場所で地道な努力を続けるはずだった。だが、民間人一六〇〇人以上を含む二二〇〇人もの犠牲を出した二〇一四年夏の「境界防衛」作戦が、再度パレスチナ法廷関係者をブリュッセルに集わせることになった。この作戦によりイスラエル軍は、学校・医療機関・水道施設・発電所といったインフラに猛烈な攻撃を仕掛け、甚大な被害をもたらしたのである。この時すでに国際組織委員会は解散していたが、市民主導で各種NGOによって急遽準備が進められて、作戦から一カ月後には緊急ブリュッセル会期が開かれた[55]。陪審を務めたのはジョン・ドゥガード、リチャード・フォーク、ステファヌ・エセルの妻クリスティーヌ・エセル、ロジャー・ウォーターズやケン・ローチに加えてアルゼンチンのピアニストで人権活動家のミゲル・アンヘル・エストレージャ、南アフリカの政治家ロンニー・カスリルス、チュニジアの法律家ラーディヤ・ナスラーウィー、インドの哲学者で環境活動家のヴァンダナ・シヴァ、エジプトの作家アフダーフ・スウェイフと、従来にもましてグローバル・サウスの比重が高かった。

焦点は、「境界防衛」作戦がジェノサイドかどうかの法的検討である。封鎖され逃げ場のない狭小地域における最先端ハイテク兵器による集中的な民間人攻撃という「破壊と恐怖のスペクタクルのもたらす巨大さ」が問題であり[56]、過去の会期ではジェノサイド犯罪が本格的に論じられることはなかったのに対して、大規模な破壊と殺戮をうけて開かれた緊急会期ではおのずとその検討が中心に躍り出たわけである。

こうした問題意識のもとに緊急法廷は、五〇日にわたる武力行使による被害を証拠と証言に基づいてつぶさに確認し、この作戦が①占領当局による武力行使であって国連総会決議に違反し、②民間人被害などの点で戦争犯罪であり、③殺戮・絶滅・抑圧を要件とした人道に対する罪であることを認定した。だが、ジェノサイドとしての断定には、結局、慎重な態度を取り、これら三点の事実認定を根拠に、イスラエル、ガザ地区と国境を有するエジプト、EU、国連加盟国、パレスチナ当局、グローバル市民社会に対し、国際法に即して要請されるそれぞれの義務を明示して、それらの誠実な履行を強く求めて結論とした。

報告書の細部記述を読み解くと、法廷内にはジェノサイド概念の社会的な訴求力や喚起力に期待し、即時認定を求める立場のあったことが感じられる。緊急会期の報告冊子に「まえがき」を寄せたアフダーフ・スウェイフは、結論を受け入れながらもこう述べている。

ラッセル法廷は、私たちの見聞きした万事が一事を示していることを世界に向けてはっきりと指摘しました。イスラエルは再度パレスチナ人を攻撃するということです。次の機会にイスラエルがジェノサイドを犯すかどうかは、厳密な意味では開かれた問いなのでしょう。しかし、イスラエルは確実に、より多くの生命とより多くの暮らしを、より多くの希望とより多くの平和のチャンスを破壊するでしょう。しかも、自国は罰せられない――国際法の適用を免れているという確かな信念のもとでそうするのです。[57]

悲しむべきことに、その後の一〇年を通じてこの予言が現実化し、いまやその殺戮が厳密な意味でジェノサイドかどうかが公式の国際司法の場で問われはじめていることを私たちは知っている。だが、パレスチナ法廷は、イスラエルの政治家らによる教唆など多くの事実を確認し、イスラエルと各国政府が回避と抑止の義務を負うことで一致して厳しい警告を発しながらも、その時点でジェノサイドの域に達しているとは判断しなかった。その理由をフォークは、「法廷は確信をもって集団懲罰の体制を強化しようとする政府の目標を文書に基づいて立証したけれども、ジェノサイドを行う意図の明確な公式の意図の表出はなかった(58)」ことによって説明した。ジェノサイド条約は、犯罪構成要件として明確な「意図」の立証を求めるが、これを尊重する国際司法的立場が優ったわけである。スウェイフの発言は、手続き上の厳密さを求めるこうした立場へのいらだちを滲ませたものとして読める。

民間法廷である以上、運動論的立場と厳格な司法の論理が併存するのは避けがたい。だが、そのもとでも国際司法的厳格さが選ばれた背景として、ジェノサイド概念の濫用への危惧があったことをフォークは示唆する(59)。「法廷」であることの矜持に加えて、政治的に道具化されたこの概念にこびりついた危うさが、慎重な態度を選ばせたのである。この姿勢は、アメリカにジェノサイドにつき有罪と宣告した一九六七年のラッセル法廷とはずいぶん様子が異なる。サルトルがジェノサイドを論じたときには、久しく忘却されお蔵入りになっていたこの概念を植民地責任の文脈で想起して戦争責任追及を行うことに意義があった。たいしてパレスチナ法廷は、ポスト冷戦時代にこれが呼び戻されて世界中で犠牲者性《ヴィクティムフッド》ナショナリズムの道具として氾濫させられた渦中に開かれており、国際司法上の本来的意義の擁護と再定位が必須だった。ともに植民地主義の文脈を踏まえて国際法違反や戦争犯罪、人道に対する罪を追及しながらも、ジェノサイドの扱いでは歴史的条件の違いゆえに姿勢が変わらざるをえなかったのである。だが、二〇二三年秋に始まる現状はさらなる次元へと進んだ。慎重な態度を崩さずにきたリチャード・フォークも、いまやジェノサイドとするのを厭わない(60)。

おわりに

日本社会ではほぼ気づかれず、ナチ犯罪研究にあれほど血道を上げてきた西洋史学界でも完全に等閑視されてきたけれども、ニュルンベルクの記憶をたぐりよせ、普遍的な「戦争反対の法」を展望して合衆国を裁いたラッセル法廷の系譜は、半世紀近くを隔てた二〇一〇年代のラッセル法廷パレスチナへと引き継がれていた。この系譜は、後世の人々が先人の残した経験に学んだのに加えて、生涯傾倒した平和運動のなかでバートランド・ラッセル自身が、ヴェトナムとパレスチナを等しく注視したことにも由来した。ナチ犯罪とヴェトナムにおける戦争犯罪と「パレスチナ人の悲劇」は、彼の世界像ではひとつの系をなしていた。

ラッセルの残した「ヒトラーによるヨーロッパ侵略時のユダヤ人犠牲者に正しく同情する者は、イスラエルの生存を領土征服方針と同一視すべきではない」という警句は、社会運動などでは細々と受け継がれながらも、「先進」諸国の政治の場では蔑ろにされ忘却された。その過程は、イスラエルと合衆国、さらに（西）ドイツを含む西欧諸国でホロコースト記憶の再編と政治的道具としての前景化が進み、軋みを伴いながら体制転換後の中東欧・バルト諸国にも輸出され、ひいてはグローバルな記憶政治のなかで突出的地位を築く過程とぴったりと重なっていた。この過程は、政治的符牒に転じた「反ユダヤ主義《アンチセミティズム》」の語によりいっさいのイスラエル政府批判を封じる「定義の政治」（第7章参照）とともに極点を迎え、これに緊縛された欧米諸国の多数はいまもイスラエルを正面から批判せず、民間人殺戮への暗黙の支持と武器支援の継続に躊躇いがない。批判者への圧迫や警察力による弾圧も日常化させられている。私たちは、このような事態に立ち至った経緯と理由を納得いく形で説明できるだけの知識をいまだ持ちあわせていないが、その解明は現代史を研究する者にとって避けて通れぬ課題であり、果たすべき責務のはずである。[61] いまだにその種のものが何点も出版されているようだが、旧態依然たる「過去の克服」「想起の文化」「歴史修正主義」言説に微睡んでいる暇《いとま》などない。歴史修正主義の極致は、ヒトラーは実はユダヤ人絶滅を望んでおらずパレスチナのムフティーに唆されただけだと暴言を放ったイスラエルのネタニヤフ首相だという事実に、真剣に向き合うべき時である。[62]

ニュルンベルクからヴェトナムを経てパレスチナへと展開するラッセル法廷の系譜学は、政治的に道具化されて自閉化させられたホロコーストとナチ犯罪に関する言説をその轍《わだち》から救い出す可能性を有している。他の戦争犯罪や人道犯罪との接続と文脈化を通じてひとつの歴史へと統合し、平和と人権を希求する、より普遍化された価値へと組み換える可能性とその方途を示唆してくれるのである。[63] こうした組み換えの重要性は、脱文脈化され没歴史化されたホロコーストの「唯一無二」言説が、イスラエル政府批判をいっさい封じる「反ユダヤ主義の新定義」に帰結して現在の危機を招来したことにより、逆説的に裏付けられている。「歴史家論争2.0」をはじめ、ホロコースト記憶と植民地ジェノサイドのそれとの接続が多方面で喫緊の課題として認識されているが、ラッセル法廷の系譜が先駆的役割を果たしたと主張することも可能である。

同時にこの系譜学は、いまだ途上とはいえ世界が戦争や国家による暴力を断罪する国際的道具立てを獲得してきた道筋を明るみに出す。ラッセル法廷と比してパレスチナ法廷の審理の中身は、素人目から見ても洗練の度を格段に高めており、立論のために参照される国際法や国連決議等もはるかに多くなった。しばしば実効性に疑問符が付されるとはいえ、依拠すべき国際条約等と関連諸制度が整えられ、罪責を問うための条件が切り開かれてきたわけだから、その到達は軽んじられるべきではない。まったく素手で闘うのと手元に道具があるのとでは格段の違いである。ニュルンベルク裁判以来のこの変革に貢献したなかには、「法創造」に挑戦したふたつのラッセル法廷関係者の努力も含まれたはずだし、ソシオサイド概念の提起などさらなる高度化の努力も重ねられている。実際、二〇二三年一二月にジェノサイド条約違反を理由に国際司法裁判所にイスラエルを提訴したのは南アフリカ共和国だが、同国はパレスチナ法廷開催地として法廷有力メンバーを輩出し、重要論点を法廷に提起した国でもあった。今回の提訴にあたりその経験が無関係とは考えにくい。現代世界で進行中の地殻変動の行方を探るうえでも、この系譜学から学べることは少なくないはずである。

終　章　「戦争を生み出す磁場」と「記憶の連帯」

遠い過去の「記憶」

ウクライナとロシア、パレスチナとイスラエルの戦争につながる「記憶の政治」の構図を見渡すと、一点、重要な類似に気づかされる。遠い過去に遡る基層的「記憶」が呼び出されて国民集団が共有するアイデンティティの構築に使用され、戦争をも合理化する道具と化していることである。開戦に先立ってプーチン大統領が盛んに強弁し、ウクライナ側が強く抗った「ロシア人とウクライナ人の一体性」問題は、『原初年代記』などに記されたキエフ＝ルーシ以来の国家の継承性と民族の連続性に関わって、両国の歴史記述上の最大の争点をなす。他方、イスラエルを離れて活動するユダヤ人の歴史家イラン・パペは、イスラエルには古代に発し未来に向けて捏造された「十の神話」があることを説き、古代における「追放」と「離散」という世界的に流通する通念が基層にあることを述べた。これはさらに聖書的な集合的自己意識にも遡れるのだろうが、これらの「神話」こそ、イスラエル建国以来のパレスチナ人への植民地主義的政策と武力行使を合理化する根拠とされてきた。(1)

もとより、遠い過去の出来事が必然的に現在の国家間・集団間の対立や紛争を生み出すはずはない。マレク・タムのいう記憶史《ムネモヒストリー》に即して言えば、紛争化の火種を抱えた現在の国家間・集団間の関係に動機づけられて使い勝手の良い過去が呼び出され、自己の主張を正当化し相手の不当を暴くために都合よく加工されるというのが真相に近い。とりわけ領土問題のような安全保障や地政学的利害を動機とする場合には自己正当化への衝動が強まり、些細なものも含めて遠い過去に領有権の「証拠」を求めようとするだろう。もちろん相手方も同様に振る舞うから、おのずと両者の過去への理解はますます敵対的にならざるをえないが、同時に、同じ土地や出来事を争う両者の主張は似通って鏡像体のごとくなりがちである。ウクライナとロシアはともに、それぞれの起源を原初主義的に追い求めてキエフ＝ルーシに由来する系譜学を闘争の場としたし、同様のことをイスラエルとパレスチナについて指摘した例もある。その研究によれば、シオニスト史学はシオニズムへの貢献を誕生当初から使命とし、他方、パレスチナ史学はシオニスト史学への対抗的語りをパレスチナ民族解放運動に提供するのを急務とした。両者はともに国民形成《ネイション・ビルディング》を促進するヨーロッパの一国史的な記述の型を踏襲し、パレスチナ史学は古代に遡るシオニスト史学の語りの模倣に走ったという。紀元前三千年紀に遡るカナン諸部族の末裔としてのパレスチナ人なる表象が構築され、パレスチナにおけるユダヤ人の存在は周縁化されたわけである(2)。

遠い過去をめぐって対立する二者が模倣を介して敵対的議論を助長しあう図式は、東アジアの古代史にも確認される。李成市は、中国と北朝鮮・韓国のそれぞれが占有しようとした渤海史や、朝鮮と日本の古代における文明の伝播をめぐる優位性の言説を例にとって、これを東アジア諸国間の「物語を強化しあう相互依存の関係」[3]と呼ぶ。国民国家体系からかけ離れた古代にまで近現代の東アジアの国家間関係に基づく意識が投影されて悪循環に陥ることに李は警告を発するが、これはおそらく洋の東西を問わず多くの地域に妥当する指摘であろう。国家や民族には由緒を訪ねる原初主義への欲望が備わっているから、第1章で述べた「世界規模で展開する記憶政治の網の目」は古代にまで及んで当然なわけである。

ポピュリズムの時代と民主主義の危機

およそ現在に直結するはずのない遠い過去さえ占有して、現存する国家や集団の利害のために利用しようとする衝動はどのように作動するのか。数年前に筆者が企画した『思想』誌上の特集「ポピュリズム時代の歴史学」[4]で扱った、現代世界が直面する難問としてのポピュリズムや民主主義の危機の問題を踏まえながら、ウクライナ／ロシアとパレスチナ／イスラエルに限定されないより広い事例も視野に入れて、考えるべき論点を提示してみたい。

ポピュリズムと歴史学、民主主義と歴史学について考えるとき、いわゆる自由民主主義諸国ないし西側先進資本主義諸国の歴史学が存立基盤としてきた価値体系や社会構造が揺さぶられて変容を余儀なくされる事態を前提にした、歴史学の自己点検が要請されるはずである。共産主義や権威主義体制からの離脱を遂げ、遅ればせで自由民主主義に追随した諸国も同様だろう。ことに、近年のポピュリズム的な運動や政治の勃興と手を携えてナショナリズムが昂進させられ、過去の出来事をめぐる記憶や観念や事実の解釈が、意識的・無意識的な忘却やあからさまな虚偽も交えて国家間や国内的な政治の道具として動員されて、「過去」が政治闘争の表舞台となった状況では、この問い直しが急務である。リン・ハントは未来の歴史学の可能性を「リスペクトの倫理学」に捉え、キャロル・グラックは学生との対話の場で「歴史への責任」を語ったが、[5] 認識論次元ではなく倫理的用語によって現代の史学論が語られるところに、もはや素朴実在論と客観性に安住しえない言語論的転回後の歴史学の新たな局面が現れている。

歴史を書くという行為の反省的契機として民主主義の問題やポピュリズムが浮上するのには、いくつもの局面を想定可能である。その第一は言うまでもなく、極端なナショナリズムに走る右派ポピュリズムの政治が横行し、あるいは権威主義的政治が君臨するもとでの、政治的煽動の道具としての「過去」の利用でありより直截な歴史学への抑圧である。『思想』誌上の特集では、ドイツのステファン・ベルガーが、いわゆるブレグジットに向けた政治運動の中で大英帝国の記憶が召喚され、ドイツでは右翼ポピュリスト政党「ドイツのための選択肢」がドイツ帝国の記憶を盛んに動員したことを指摘して、左派による対抗的記憶政治の可能性と必要性を論じていた。[6] また、インドの歴史家ニーラードリ・バッターチャーリヤは、上位カーストに向けられた多様な社会集団による抗議運動に不安を抱いたヒンドゥー至上主義的な右翼が、たとえば『ラーマーヤナ』の「神聖さ」を損なう歴史研究を貶めて書き換えをはかる実態を詳しく紹介した。[7] この動きは、モディ政権のもとで頻発するムスリムをはじめ他宗教を信仰する人々への物理的暴力の行使と一体である。

もちろん筆者にとっては、ロシアのプーチン政権による一連の歴史政策が馴染み深い。盛んに振りまかれる愛国的な集合的記憶を煽る言辞の陰で、スターリニズムの抑圧を記憶する団体「メモリアル」は解散させられた。政府批判を躊躇わない歴史家には熾烈な政治的攻撃が加えられ、事実上の亡命状態を強いられた例もある。ウクライナのいわゆる「脱共産主義化法」のもとで、ごく些細な歴史的シンボルの使用を理由に拘禁される事例のあったことを第3章の注に記したが、これらとよく似通った出来事はロシアでも頻発していた。これら世界中の多くの国・地域の動静を個別事例レベルで伝える「憂慮する歴史家《コンサーンド・ヒストリアンズ》ネットワーク」の主宰者アントーン・デ・バエッツは、殺害も含めて世界中で歴史家に向けられた物理的・制度的暴力や政治的抑圧を告発し、これを『歴史（学）への犯罪』として指弾する。(8) そこに網羅された事例からは、世界の「今」の局面がとてもよくわかる。そうしたなか、自由民主主義の盟主であるはずのアメリカ合衆国でも歴史への圧迫が相次いでいる。中野耕太郎が、トランプ政治を支える基盤を探るホックシールドに倣って「感情の政治」という切り口から手際よく整理しているが、(9) これらの動きは、かつてマッカーシー旋風時の標的であった「共産主義者」に代えて「反ユダヤ主義者」を槍玉にあげた学問・言論への弾圧とも抱き合わせである。図書館蔵書も、カリキュラムの内容も、さらには大学教員の雇用までもが政治的攻撃の渦中にある。(10)

歴史の恣意的な政治利用や抑圧はもはや座視しえぬ段階に達しているとはいえ、その多くはむしろ古典的なもので、かならずしも現代固有の特殊な様相というわけではない。暴君と呼ばれる権力者は、迎合的な知識人や学者には寛大で、批判的言論や学者を冷遇し抑圧するのを習い性とした。これに対して新たな局面は、冷戦終焉とともにコスモポリタンな規範として威を放った自由民主主義と、それを規矩としたシカゴ・ボーイズ風の「近代化」を内包した「民主化」そのものに由来して実に複雑な状況を呈していることにある。

第1章でも触れたが、一九七〇年代の南欧に始まり、東南アジアや東アジア、中南米、アフリカ、そして東ヨーロッパへと継起的・並進的に進展した権威主義や社会主義からの体制転換、つまり総じて歓迎され讃えられるべき「民主化」自体が「過去」の取り扱いを難しいものとした。体制転換は当然、それぞれの政治体を単位とした自己記述としての国民史の抜本的見直しを要請し、新体制を正統化する語りの創出と同時に、転換以前の旧体制をいかに記憶し記述するのかという、緊急に解決すべき政治的課題を投げかけた。それらはしばしば強固なナショナリズムに傾斜しがちで、実際は価値評価を反転させただけの場合があったにせよ、学校教科書の記述を含む歴史の書き直しが必須化し、それが国内的・国際的な政治的争点になることも多かった。第3章でも触れたキエフ＝ルーシをめぐるロシアとウクライナの争奪戦は、その典型ともいうべきものであろう。

また、旧体制による犯罪への司法的対処、真実和解委員会方式による新体制への統合の試みなど、総じて「移行期正義」と呼ばれる正義の復旧の試みがなされる一方で、民主化をもたらした政治的構図が新旧勢力間の拮抗や緊張を孕む場合には、スペインが典型的にそうであったように、あえて故意の「忘却」を選択する場合もあった。そうしたなかで採用された政治的意図による「和解」という行為と歴史学的な記述とのあいだに存在する認識論的な困難については、第1章でも触れたベルベル・ベヴェルナジェらによる指摘が『思想』誌の特集にある。「民主主義的な価値の名のもとに歴史を書くこと」もまた、「新たな「歴史叙述の道具化」」に他ならないのである。[11] また、「忘却」は政治的意図のもとでの過去の事実の凍結ないし不可視化の意味を持つが、スペインにおけるフランコ総統の改葬をめぐる再政争化の事例からは、妥協的な「忘却」による凍結にもかかわらず、時の経過とともに変転する政治的対立図式のもとで、「過去」が再び政治闘争の道具として手繰り寄せられることがわかる。[12]「民主化」がつねに過去の公正な取り扱いをもたらしたとは言い難い。

社会主義からの体制転換が新自由主義のプロジェクトとして達成されたことも重要である。その含意をソ連の場合に即していち早く指摘したのは塩川伸明だが、[13] もしかりに新自由主義が、民主主義に「市場的価値観」を充満させるのにとどまらず、「民主主義のもろもろの原則、実践、文化、主体、制度に攻撃を仕掛ける」ものなのだとしたら、[14] 新自由主義モデルにどっぷり浸かった「民主化」それ自体のなかに自己崩壊の芽が埋め込まれていたことになる。民主化したはずの東欧諸国が時に権威主義へと退行し、恣意的な「記憶の政治」を展開するにいたったことがこの見通しの例証のようにも思われるが、より広く一九七〇年代以降の民主化の連鎖をかかる観点から洗い直す作業が急務だろう。

さらなる次元は、長い自由民主主義の伝統を誇る諸国に向かう。英独両国の右翼ポピュリストが特定の歴史像を資源として有効活用したことはすでに触れたが、問題はそれにとどまらない。自由民主主義の旗を誇らしげに掲げた「西側」諸国が、人種主義と植民地支配の過去（「植民地責任」）には実にぎごちない態度を取り続けているからである。近現代の植民地の歴史を省みたとき、「民主主義の歴史は血と暴力で汚されている」[15]ことにはもはや異論をさし挟む余地などないが、その清算はいまも初期段階にとどまっている。過去の扱いで優等生視されたドイツが、ヘレロ戦争における虐殺の責任を認めて謝罪したのはようやく二〇二一年であり、しかもその内実がとても褒められたものでないことは第7章で触れた。数年前のコロナ禍のさなかには、いわゆるBLM運動に触発されたヨーロッパでも記念碑や銅像への汚損や襲撃により「記憶の場」の再編が生じたが、このことも植民地的過去の取り扱いの不備を示していた。植民地主義批判の運動は、直近でもイギリス連邦諸国首脳会議やニュージーランド議会内外の先住民による抗議運動などいくつも確認することができる。日本の西洋史学界はほぼ無関心だが、「西側」的には民主主義国家扱いのイスラエルによるパレスチナ（人）への抑圧政策が、入植者植民地主義の最後の典型的事例とみなされていることに留意しておきたい。

最後に、現代的な危機のもとでの過去をめぐる紛争化には宗教が深くまとわりついている。現在のパレスチナの事態とイスラエルにおける政治の急進化を考えるにあたり、極端に右翼化した合衆国のキリスト教福音派（原理主義者）とユダヤ教のなかでも超正統派の世界観や歴史像が重要な意味を有することがしばしば指摘されている。[16]他方、筆者の手に余る論点とはいえ、イスラームの一部の急進化ないし「過激化」が、極端な場合は遺跡破壊も含めて歴史記憶の再編に力を振るっていることは間違いないだろう。「西側」では、中東などイスラーム世界で流布されるホロコースト否定論と反ユダヤ主義などというステレオタイプが支配的だが、それほど単純な話ではないはずだ。上述のインドにおける歴史の書き換えはモディ政権のもとでのヒンドゥー至上主義の台頭とともに到来し[17]、もちろんロシアのプーチン政権による記憶とアイデンティティの政治にはロシア正教会が深く関与している。世俗化を推力とした「モダニティ」なるものの行き詰まりのもとでの宗教の復権にとどまらず、冷戦期のイデオロギー対立に代わって、右翼化し極端化した政治勢力としての宗教が危機の動因となって歴史と記憶の場を攪乱する事態は、どのように説明されるべきなのだろうか。

「記憶の連帯」への道と接続される過去

以上述べてきたポスト冷戦時代の記憶政治をめぐる構図とそれに促された国家間・集団間の敵意の昂進は、戦争を起こす直接の原因ではけっしてないけれども、ある種の条件のもとで人々が戦争を受容し支持する環境、すなわち「戦争を生み出す磁場」へと転じたであろう。本書を閉じるにあたり、再度、ホロコースト記憶がかかる磁場形成にあたりいかに利用されたのか、それを「克服」する方途は見出せないのか、この点を考えてみたい。

何度か述べたように、一九七〇年代に始まり、とりわけ冷戦終結と相前後する頃から「ホロコーストのアメリカ化」と呼ばれる変化が合衆国で広がった。あまり見慣れぬこの語をタイトルに使用した著作は主として合衆国の文化変容を扱うが[18]、第6章で触れたように、合衆国司法省やサイモン・ヴィーゼンタール・センターによるナチ犯罪者追及もこれと関係するだろう。この動きが、よく知られたドイツの展開と手を携えて二〇〇〇年のストックホルム・ホロコースト宣言へと帰着し、冷戦後のコスモポリタンな規範としてホロコースト責任のグローバル化が図られ、世界規模の集合的記憶を育むことが各国の課題とされた。中立国として大戦の局外にいたはずのスイスやスウェーデンも責任が問われ〔19〕、ナチの同盟国であったフィンランドやハンガリーなどの罪責を暴く書物が登場し〔20〕、本書中で何度も触れたとおり中東欧の体制転換諸国でも対ナチ協力の実相が暴かれた。ウクライナの右翼民族主義者による凄惨な虐殺の様子が克明に書きとめられたのも、こうした文脈のなかでのことである。〔21〕ホロコーストは、人類が経験した幾多の悲惨な出来事のなかでも最大級のひとつといえるから、その実相が狭隘なドイツ史の枠を超えて多方面から提示された重要性は否定しがたいが、それが紛争の火種となった面もある。ホロコーストの主たる舞台であったウクライナを含む中東欧諸国における記憶政治の激しさはこのことと関係する。

　並行して、政治的意図のもとで「唯一無二」として比較可能性さえ退けられ特権化されたホロコースト言説が、オスロ合意の破綻以降ますます激化したイスラエルによるパレスチナ占領政策の護教論として活用される一方、これに挑戦する各種の言説が発せられて激しい火花を散らすことになった。ニューヨークの九・一一事件以降、反イスラエル・反シオニズムと同一視された「反ユダヤ主義《アンチセミティズム》」を根拠に、欧米で広く語られるようになった「イスラモファシズム」なる造語による非難はこうした状況を映した一コマであり〔22〕、これらの語が欧米各国に広まった「反難民」「反イスラーム」の気分と重なりあって、いまもパレスチナにおける殺戮を正当化する言辞として機能している。二〇二四年春から初夏に欧米のキャンパスに吹き荒れたパージの嵐の争点はまさにそれと関連するはずだ〔23〕。ストックホルム宣言を実行する国際機関である国際ホロコースト想起同盟（ＩＨＲＡ）の策定した「反ユダヤ主義の新定義」が、文字通りイスラエルによる国際法違反の武力行使の免罪符として使われ、批判者への政治的圧迫を合理化するものとして機能していることも見逃せない。ホロコーストをめぐる「過去の克服」という実に正当な呼びかけに基づく諸実践や過去の記述が、いまやムスリムや、ユダヤ人を含むイスラエル政府を批判する人々への排除と弾圧を導く罠になっているというわけである。第7章で描いたドイツの悲しむべき光景は、その終着点のひとつである。

エンツォ・トラヴェルソの言うとおり、ヨーロッパの右派ナショナリストやポピュリストにとって「イスラム嫌悪が反ユダヤ主義に取って代わっている」[24]のだとしたら、いまこの時点の歴史学にとってホロコーストを語ることの倫理的意義はどこに捉えることができるのだろうか。いまだに一九八〇年代に構築された枠組みを脱することができないまま、同工異曲の物語を描き続ける日本の西洋史学界などにとってこれは重たい問いかけだが、同様の問題は多くの国・地域が抱えている。

この自己批判的な問いかけへの応答の努力がないわけではない。まず、歴史学に限定されたものではないが、欧米における「反ユダヤ主義」と「イスラーム嫌悪《イスラモフォビア》」を同一の文脈上で論じて問題状況を理解しようとする試みが、両者の関係理解における差異を孕みながら少しずつ広がっている。[25]

他方、「犠牲者性《ヴィクティムフッド》ナショナリズム」「大衆独裁」などの鋭角的概念の提唱で世界的に知られるイム・ジヒョン[26]とともに「記憶の連帯」の構想を提示したイヴ・ローゼンハフトは、先述の『思想』誌上で「ブラック・ホロコースト」の表象、すなわちナチ犯罪の犠牲となった黒人を扱った小説や映画におけるそれを論じ、イスラエルによるホロコースト記憶の占有と権威化、そしてそれをめぐる抗争の構図を描き出していた[27]。二人が提唱する「記憶の連帯」は、アジアとアフリカとラテンアメリカ、つまりグローバル・サウスにおける植民地主義の記憶にホロコースト記憶を接続し、そこに新たな連帯の可能性を見出そうとするものである[28]。

同様の試みは他にもある。「歴史家論争2.0」を仕掛けたマイケル・ロスバーグの著書『多方向的記憶』は、「ホロコースト研究とポストコロニアル・スタディーズを初めて一冊の書物大の作品にまとめる[29]」試みであった。他方、本書の補論2で評した『ホロコーストとナクバ[30]』は、詩人アヴォート・イェシュルンの語った「ヨーロッパのユダヤ人のホロコーストとエレッ・イスラエルのアラブ人のホロコーストは、ユダヤ民族の一つのホロコーストだ」という一節を導きの糸として、タイトル通りにホロコースト記憶をナクバのそれと接合するものだった。そして、筆者が訳したオメル・バルトフ『ホロコーストとジェノサイド』は、その重たい課題を著者自身の一人称の歴史として引き受けた作品である。自身の家族の救済がパレスチナのアラブ人という他集団の大災厄と一体だという不条理への葛藤に貫かれたバルトフは、ユダヤ系イスラエル人とパレスチナ人が向き合わねばならない脱植民地化の容易ならざる道のりを展望しつつ、同書の最後の一段落をこう結んでいた。「要するに、もしも私たちが相互に耳を傾け合うならば、自分たちのことを何か学べるはずだと、私は信じている。そして、そのことが新しい政治に向かう最初の一歩なのかもしれない[31]」。二〇二三年一〇月以降この希望が粉微塵に潰えたもとでも彼は、耳を傾け合うことを拒絶する指導者たちのもとで殺戮者となり／

ならされ、逆に殺戮や迫害の被害者とされた人々の声を聞き取るための懸命の努力を重ねている。

最後に、広島と長崎における原子爆弾の記憶をホロコーストのそれと接続する試みは戦後の比較的早い段階から存在した。その系譜をたどって現在にいたる「グローバルな記憶文化の形成」をあとづける『ヒロシマ』を著したラン・ツヴァイゲンバーグは、自著を「絡み合いの歴史ないしクロス・ヒストリー（histoire croisée）」[32]と呼んだ。同書の「日本語版へのはしがき」で彼は、イスラエルで育った家族内でのホロコースト記憶の継受に触れるが、それは、故郷のイスラエルに遍在していた生存者《サヴァイヴァー》の身体に刻まれた被害の痕をバルトフが記したことと通底する。イスラエルでは、シオニストの仕掛けた植民地主義的企てに加えて、これらの傷痕と記憶を「唯一無二」の物語に封入して構築された極度の恐怖心に基づく物心両面の過剰な武装が進められて、極端なほどの「戦争を生み出す磁場」が生起させられたのだろう。これに反して、ともにイスラエル出身の二人の歴史家が追求する歴史叙述上の方略は、家族内や近隣で見聞きした傷を自閉的な犠牲者性の語りに封じ込めず、それぞれの出来事の差異や隔たりをわきまえた共感的理解を通じて他者の悲劇的出来事へと開き、ひとつの歴史へと統合することだった。みずからを裏切る悲しい結末になってしまったが、「国民の悲劇はすべて受けとめ、それを自分のものと他人のもの、大きい悲劇と小さい悲劇に区別したりはしない」と述べたルータ・ヴァナガイテ（第6章）の当初の精神も、これに通底したはずだ。

いま私たちが目撃している情景は、過去三五年続いたポスト冷戦のもとでの「記憶の政治」のひとつの帰結である。その間に範型視されてきたドイツ的な「過去の克服」の破綻はすでに明らかなように筆者には思えるが、その破綻を糊塗してなお持続させ、それをイスラエル支持の根拠とする政治とそれに追随する歴史家・知識人が一方にあり、それを乗り越えて新たな叙述形式を求める一部の歴史家の努力が他方にあって、両者がせめぎあっているように見える。そうした中で後者の歴史家たちが考えているのは、ある単一の犠牲者を絶対化しないこと、異なる文脈にある様々の悲劇的出来事を序列化せずに接続して共感と連帯を育むこと、共有された過去をめぐって対立しあう集団が抱く強烈な感情のいずれにも耳を傾けそれらを歴史化すること、こうしたことである。こうした試みのなかにホロコーストとその記憶はしっかりと定位可能なのであり、文脈化され歴史化されたホロコースト理解こそが、現代的規範としての価値を有することができるとも考えられている。

筆者自身は、こうした可能性に賭ける歴史家たちの姿勢を共有しつつ、いまなお十分に解明されているとは言い難いポスト冷戦時代の「記憶の政治」のグローバルな展開の構図と機序について理解を深めることが必須であり、それは、東アジアにおける記憶をめぐる問題状況を理解する際に、安易にドイツ型モデルに寄りかかってきた日本の歴史学の責任だろうと感じている。そのために解き明かすべき課題は、西洋史学に直接関わるものに限定しても、「ホロコーストのアメリカ化」に始まり、欧州の統合と安全保障における記憶政治の扱い、「反ユダヤ主義の定義の政治」、「ジェノサイド」概念の成立から現在にいたる知識社会史と政治史、難民危機のもたらしたインパクト、とりわけイスラーム嫌悪の様相等々、実に多くある。本書にまとめた小文が触媒となってこれらの諸課題への挑戦がなされることを心より期待したいと思う。

注

序章　現前化した戦争と「記憶の政治」

(1) メアリー・トランプ、草野香他訳『世界で最も危険な男――「トランプ家の暗部」を姪が告発』小学館、二〇二〇年。ただし、事態の性格を考える上では、トランプ的なものを第二次世界大戦後の合衆国に内在する本質的特性のひとつと捉えるダワーの診断がより重要と思われる。ジョン・W・ダワー、田中利幸訳『アメリカ　暴力の世紀――第二次大戦以降の戦争とテロ』岩波書店、二〇一七年、ix頁。

(2) ラシード・ハーリディー、鈴木啓之他訳『パレスチナ戦争――入植者植民地主義と抵抗の百年史』法政大学出版局、二〇二三年。

(3) 国連ウェブテレビで中継。以下でも視聴可。https://www.youtube.com/watch?v=6IQ-a7sDgzY

(4) 鶴見太郎『イスラエルの起源――ロシア・ユダヤ人が作った国』講談社、二〇二〇年。

(5) オメル・バルトフ、橋本伸也訳『ホロコーストとジェノサイド――ガリツィアの記憶からパレスチナの語りへ』岩波書店、二〇二四年。

(6) https://x.com/DmytroKuleba/status/1497058048430460934

(7) シルヴァン・シペル、林昌宏訳『イスラエルvsユダヤ人――中東版「アパルトヘイト」とハイテク軍事産業【増補新版〈ガザ以後〉】』明石書店、二〇二四年、二一一頁。

(8) Nadav Gavrielov & Safak Timur, Erdogan Compares Netanyahu to Hitler, *New York Times*, Dec. 23, 2023. https://www.nytimes.com/2023/12/27/world/middleeast/erdogan-turkey-netanyahu-hitler.html

(9) 橋本伸也「訳者あとがき」、バルトフ『ホロコーストとジェノサイド』、二八九頁。

(10) 橋本伸也『記憶の政治――ヨーロッパの歴史認識紛争』岩波書店、二〇一六年（オンデマンド版、二〇二四年）。同編『せめぎあう中東欧・ロシアの歴史認識問題――ナチズムと社会主義の過去をめぐる葛藤』ミネルヴァ書房、二〇一七年。同編『紛争化させられる過去――アジアとヨーロッパにおける歴史の政治化』岩波書店、二〇一八年。

（11）コンラート・H・ヤーラオシュ、橋本伸也訳『灰燼のなかから――二〇世紀ヨーロッパ史の試み』上・下、人文書院、二〇二二年。

第1章　「歴史」の書かれ方と「記憶」のされ方

（1）Georgiy Kasianov, *Memory Crash: Politics of History in and around Ukraine, 1980s–2010s*, Central European University Press, 2022.

（2）Memory Studies Association. https://www.memorystudiesassociation.org/

（3）さしあたり、以下を参照。キャロル・グラック『戦争の記憶』講談社（講談社現代新書）、二〇一九年。小田中直樹『歴史学のトリセツ――歴史の見方が変わるとき』筑摩書房（ちくまプリマー新書）、二〇二二年。

（4）橋本伸也「「民主主義の危機」と向き合う」『思想』第一一七四号、二〇二二年、参照。

（5）橋本伸也『記憶の政治』岩波書店、二〇一六年。橋本伸也編『せめぎあう中東欧・ロシアの歴史認識問題』ミネルヴァ書房、二〇一七年。同『紛争化させられる過去』岩波書店、二〇一八年。

（6）ニコライ・コーポソフ、橋本伸也訳「フランス・ヴィールス――ヨーロッパにおける刑事立法と記憶の政治」『思想』第一一五七号、二〇二〇年。

（7）橋本伸也「「紛争化させられる過去」再論」、岩波書店『世界』編集部編『世界 臨時増刊 ウクライナ侵略戦争――世界秩序の危機』岩波書店、二〇二二年（本書の第2章）。

（8）「「奴隷制に責任」オランダ首相、国家として謝罪　旧植民地は不満も」『朝日新聞』二〇二二年一二月二〇日。デジタル版 https://digital.asahi.com/articles/ASQDN1QHXQDMUHBI04L.html

（9）「五〇万人超犠牲の虐殺「重大な人権侵害」　インドネシア大統領認める」『朝日新聞』二〇二三年一月一八日。デジタル版 https://digital.asahi.com/articles/ASR1K6FTSR1FUHBI022.html

（10）主流派のホロコースト研究への厳しい批判を含むものとして、オメル・バルトフ、橋本伸也訳『ホロコーストとジェノサイド――ガリツィアの記憶からパレスチナの語りへ』岩波書店、二〇二四年、を刊行した。同じ著者による Omer Bartov, *Anatomy of a Genocide: The Life and Death of a Town called Buczacz*, Simon and Schuster, 2018 は、関連するいくつもの著書とともに、東ガリツィア（現在はウクライナ西部）の町ブチャチにおけるホロコーストの実相を地域の民族間関係を踏まえて、アウシュヴィッツの工業的殺戮とは異なる「コミュニティ内の《コミュナルな》殺戮」の多元的な像として描く。

（11）林志弦、澤田克巳訳『犠牲者意識ナショナリズム——国境を超える「記憶」の戦争』東洋経済新報社、二〇二二年、などを参照。

（12）Berber Bevernage & Nico Wouters (eds.), *The Palgrave Handbook of State-Sponsored History after 1945*, Palgrave Macmillan, 2018.

（13）Ibid., pp. 6, 22–23.

（14）Marek Tamm, Memory, in Chiel van den Akker (ed.), *The Routledge Companion to Historical Theory*, Routledge, 2021. Idem (ed.), *Afterlife of Events: Perspectives on Mnemohistory*, Palgrave Macmillan, 2015.

（15）Tamm, Memory, p. 550.

（16）Mark von Hagen, Does Ukraine Have a History?, *Slavic Review*, vol. 54, no. 3, 1995.

（17）Andreas Kappeler, From an Ethnonational to a Multinational to a Transnational Ukrainian History, in Georgiy Kasianov & Philipp Ther (eds.), *A Laboratory of Transnational History: Ukraine and Recent Ukrainian Historiography*, Central European University Press, 2009, p. 56.

（18）松里公孝「誰も書かなかったウクライナ」『スラブ研究センターニュース』第七〇号、一九九七年。

（19）フィリップ・サンズ、園部哲訳『ニュルンベルク合流——「ジェノサイド」と「人道に対する罪」の起源』白水社、二〇一八年。『西洋史学』第二七〇号、二〇二〇年、に書評を書いた（本書の補論1）。

（20）Adam Jones (ed.), *Genocide, War Crimes, and the West: History and Complicity*, Zed Books, 2004. Jeffrey S. Bachman, *The United States and Genocide: (Re)Defining the Relationship*, Routledge, 2019.

（21）日本では藤本博「ラッセル法廷と国際反戦運動の胎動——「ベトナムにおける戦争犯罪調査日本委員会」と民族的抵抗への共感を中心に」『歴史評論』第八二三号、二〇一八年、が記憶の復権に貢献した。なお、ジェノサイド・スタディーズ内部では、「ジェノサイド」概念の隠蔽・歪曲的な機能を踏まえた見直しが進んでいる。この点については第4章を参照のこと。

（22）エリック・リヒトブラウ、徳川家広訳『ナチスの楽園――アメリカではなぜ元ＳＳ将校が大手を振って歩いているのか』新潮社、二〇一五年。

（23）Peter Novick, *The Holocaust in American Life*, A Mariner Book, 2000（First Edition, 1999）. Hilene Flanzbaum（ed.）, *The Americanization of the Holocaust*, Johns Hopkins University Press, 1999.

（24）板垣雄三「〈反テロ戦争〉時代と歴史学」『日本西洋史学会第五九回大会報告要旨集』二〇〇九年六月一三日・一四日、専修大学。

（25）Yair Auron, *The Holocaust, Rebirth and the Nakba: Memory and Contemporary Israeli-Arab Relations*, Lexington Books, 2017. Bashir Bashir et al.（eds.）, *The Holocaust and the Nakba: A New Grammar of Trauma and History*, Columbia University Press, 2018［バシール・バシール、アモス・ゴールドバーグ編、小森謙一郎訳『ホロコーストとナクバ――歴史とトラウマについての新たな話法』水声社、二〇二三年。『西洋史学』第二七七号、二〇二四年、に書評を書いた（本書の補論２）］. Grace Wermenbol, *A Tale of Two Narratives: The Holocaust, the Nakba, and the Israeli-Palestinian Battle of Memories*, Cambridge University Press, 2021.

（26）Motti Golani & Adel Manna, *Two Sides of the Coin: Independence and Nakba 1948, Two Narratives of the 1948 War and Its Outcome*［English-Hebrew edition］, Republic of Letters Publishing, 2011. Sami Adwan et al.（eds）, *Side by Side: Parallel Histories of Israel-Palestine*, The New Press, 2012.

第2章　ロシア・ウクライナ戦争とプーチンの記憶政治

（１）Обращение Президента Российской Федерации（24 февраля 2022 года）［http://kremlin.ru/events/president/news/67843］.

（２）開戦直後に示したこの評価は、本書収載のための改稿時点でも大きく変更する必要はないように思われる。しばらくは戦闘がだらだらと続くだけと思われたものの、ウクライナがクルスク州に越境攻撃し小規模ながら占領したことから、戦況はさらに複雑化した。

（3）現在と過去の境目をどこに引くかは難題だが、本章の場合、便宜的にウクライナが独立した一九九一年以降を「現在」として措定するのが妥当であろう。

（4）Marek Tamm, Memory, in Chiel van den Akker (ed.), *The Routledge Companion to Historical Theory*, Routledge, 2021, p. 550.

（5）吉田徹『アフター・リベラル——怒りと憎悪の政治』講談社（講談社現代新書）、二〇二〇年。

（6）橋本伸也『記憶の政治——ヨーロッパの歴史認識紛争』岩波書店、二〇一六年。同編『せめぎあう中東欧・ロシアの歴史認識問題——ナチズムと社会主義の過去をめぐる葛藤』ミネルヴァ書房、二〇一七年。同編『紛争化させられる過去——アジアとヨーロッパにおける歴史の政治化』岩波書店、二〇一八年。同「特集・ポピュリズム時代の歴史学〈序言〉「民主主義の危機」と向き合う」『思想』第一一七四号、二〇二二年。

（7）Статья Владимира Путина « Об историческом единстве русских и украинцев », 12 июля 2021 года [http://kremlin.ru/events/president/news/66181]. 栗生沢猛夫『キエフ・ルーシ考 断章——ロシアとウクライナの歴史家はどう考えてきたか』成文社、二〇二四年、の付録として邦訳および栗生沢による解説が掲載された。古ルーシを専門とする碩学による誠実な歴史学的検討だが、第1章でも簡単に触れたように、「史実」に争点を設定し「記憶の政治」の局面が後景化した議論の仕方にはやや違和感を覚えざるをえない。なお、以下の叙述では栗生沢の訳文は利用していない。

（8）"Школьная ошибка": российские и украинские историки разбирают статью Путина о единстве народов [https://www.bbc.com/russian/news-57807736].

（9）*Николай Копосов* Память Строгого Режима. История и Политика в России. M., 2011［ニコライ・コーポソフ『厳戒の記憶——ロシアの歴史政治』］. Nikolay Koposov, *Memory Laws, Memory Wars: The Politics of the Past in Europe and Russia*, Cambridge University Press, 2018. ニコライ・コーポソフ、橋本伸也訳「「フランス・ヴィールス」——ヨーロッパにおける刑事立法と記憶の政治」『思想』第一一五七号、二〇二〇年。Anton Weiss-Wendt, *Putin's Russia and the Falsification of History: Reasserting Control over the Past*, Bloomsbury, 2021. Anton Weiss-Wendt & Nanci Adler (eds.), *The Future of the Soviet Past: The Politics of History in Putin's Russia*, Indiana University Press, 2021.

（10）大統領委員会及びロシア歴史協会については前掲の『記憶の政治』などを、また二国間歴史対話については橋本伸也「過去の政治化と国家間「歴史対話」――ロシアと周辺諸国との二国間歴史委員会の事例から」、前掲『紛争化させられる過去』所収、を参照のこと。

(11) https://historyrussia.org/

(12) 同協会は二〇一五年に発足したが、一八六六年設立の帝立ロシア歴史協会の再建として自己規定した沿革を描いており、ロシア帝国時代との継続性がその基本理念である。

(13) ロシア歴史協会声明：https://historyrussia.org/index.php?option=com_content&view=article&layout=edit&id=6814。学者・科学ジャーナリスト公開書簡：https://trv-science.ru/2022/02/we-are-against-war/。後者が当初掲載されたこのサイトへの接続はまもなく遮断された。本書を準備している時点では、例えば以下のサイトから閲覧可能。https://www.colta.ru/news/29610-rossiyskie-uchenye-i-nauchnye-zhurnalisty-vystupili-protiv-voyny-s-ukrainoy なお、書簡の公開時には約一五〇名が署名し、オンラインで呼びかけた賛同署名に数千人が応えたとされていたことから本文の記述はそれに従っているが、現時点では確認できなくなっている。

(14) 韓国の歴史家イム・ジヒョン（林志弦）の提唱したこの概念は、澤田克己の手になる翻訳書では「犠牲者意識ナショナリズム」（『犠牲者意識ナショナリズム――国境を超える「記憶」の戦争』東洋経済新報社、二〇二二年）と訳されている。だが、victimhood には意識を超えた諸次元があると思われることから、本書では「犠牲者性ナショナリズム」とする。

(15) Paweł Machcewicz, *The War that Never Ends: The Museum of the Second World War in Gdańsk*, De Gruyter, 2019. 開戦記念日の親衛隊衣装をまとった「コスプレ」については、本書第4章を参照。また、ユダヤ人虐殺へのポーランド人の関与を論じた『夜は終わらない』の編者であるエンゲルキングとグラボフスキが名誉毀損で裁判を起こされて、いったん有罪となったという事件もある。Jan Grabowski i Barbara Engelking, *Dalej jest noc: Losy Żydów w wybranych powiatach okupowanej Polski*, Warszawa: Centrum Badan nad Zaglada Zydow, 2018. 英語版は J. Grabowski & B. Engelking, (eds.), *Night without End: The Fate of Jews in German-Occupied Poland*, Bloomington, 2022.

(16) Koposov, *Memory Laws, Memory Wars*, p. 205.

(17) ロシア・ウクライナ間の共有された過去をめぐる国内・国際的な紛争化については、以下が詳しい。Georgiy Ka-

sianov, *Memory Crash: The Politics of History in and around Ukriane, 1980s–2010s*, CEU Press, 2022, chap. 8. *Георгий Касьянов* Украина и соседи: Историческая политика 1987–2018. М., 2019.

（18）ウクライナ民族主義者の対ナチ協力や大飢餓をめぐる歴史記述については、Kasianov, *Memory Crash* に加えてたとえば以下を参照。David R. Marples, *Heroes and Villains: Creating National History in Contemporary Uktaine*, CEU Press, 2007. John-Paul Himka, *Ukrainian Nationalists and the Holocaust: OUN and UPA's Participation in the Destruction of Ukrainian Jewry, 1941–1944*, ibidem-Verlag, 2021.

（19）さしあたり、ズザンナ・ボグミウ、福元健之訳「二〇世紀の困難な過去をめぐるポーランド人と隣人との紛争と対話」、前掲『紛争化させられる過去』所収を参照。

（20）See Kasianov, *Memory Crash*, chap. 8.

（21）日本との間では五百旗頭真らがカウンターパート。良好な関係のもとで成果が得られたのはドイツと日本だけである。五百旗頭真他編『日ロ関係史――パラレル・ヒストリーの挑戦』東京大学出版会、二〇一五年。

（22）История Украины. СПБ., 2017.

（23）Jeffrey S. Bachman (ed.), *Cultural Heritage: Law, Politics and Global Manifestations*, Routledge, 2019.

（24）本書第４章参照。Jeffrey S. Bachman, *The United States and Genocide: (Re)Defining the Relationship*, Routledge, 2019.

（25）Vladimir Putin, The Real Lessons of the 75th Anniversary of World War II, *National Interest*, June 18, 2020. 75 лет Великой Победы: общая ответственность перед историей и будущим（19 июня 2020 года）[http://kremlin.ru/events/president/news/63527].

（26）Совместное заявление Российской Федерации и Китайской Народной Республики о международных отношениях, вступающих в новую эпоху, и глобальном устойчивом развитии（4 февраля 2022 года）[http://kremlin.ru/supplement/5770].

（27）塩川伸明が自身のウェブサイトで、二〇一四年から開戦に至るロシア・ウクライナ両国の経緯について詳細な試論的分析を行っている。「ウクライナ戦争の序幕――二〇一四年前後／二〇一〇年代後半／二〇二〇―二一年」[http://www7b.biglobe.ne.jp/~shiokawa/notes2013-/IntroductionUkrainianWar.pdf]。

第3章　「ウクライナ史」とはなにか

(1) I・ウォーラーステイン、本多健吉・高橋章監訳『脱＝社会科学――一九世紀パラダイムの限界』藤原書店、一九九三年、一八七〜一九四頁。

(2) 本書第2章注7参照。

(3) ご丁寧に日本語呼称の「キエフ＝ルーシ」を「キーウ＝ルーシ」に言い換えた向きもあるようだが、これが熟慮の上かどうか訝しい。この例に従えば、『ロシア原初年代記』(國本哲男他訳、名古屋大学出版会、一九八七年)という馴染みの呼称も放擲を迫られるだろう。

(4) 中井和夫『ソヴェト民族政策史――ウクライナ一九一七〜一九四五』御茶の水書房、一九八八年。同『ウクライナ・ナショナリズム――独立のディレンマ』東京大学出版会、一九九八年。

(5) 先史時代からフメルニツキーの時代までを扱い、一八九八年から一九三六年まで書き継がれた『ウクライナ＝ルーシの歴史』には、ニューヨークで出された次の版がある。*Михайло Грушевський* Історія України-Руси. У 10 томах. Нью Йорк, 1954–1958. 独立後のウクライナでも複数回復刊されている。

(6) *М.Б. Смолин* (сост.) Украинский сепаратизм в России: Идеология национального раскола. М., 1998. С.21.

(7) Українські Історики: Біобібліографічний Довідник. Серія « УКРАЇНСЬКІ ІСТОРИКИ » Випуск 3. Київ. Інститут Історії України НАН України, 2010. С.271–273.

(8) テリー・マーチン、半谷史郎監修『アファーマティヴ・アクションの帝国――ソ連の民族とナショナリズム、一九二三年〜一九三九年』明石書店、二〇一一年、二七六〜二七七頁。

(9) *К. Аймермахера, Г. Бордюгова* (Ред.). Национальные истории в советском и постсоветских государствах. М., 2003. С.45–46.

(10) *А.К. Касименко и др.* Історія Української РСР. Київ. Т. 1, 1953. Т. 2, 1956.

(11) 松里公孝『ウクライナ動乱――ソ連解体から露ウ戦争まで』筑摩書房（ちくま新書）、二〇二三年、四八〜四九頁。

(12) 松里公孝「ルーシの歴史とウクライナ」、塩川伸明編『ロシア・ウクライナ戦争――歴史・民族・政治から考える』東京堂出版、二〇二三年、一七四頁。

（13）R・W・デイヴィス、富田武他訳『ペレストロイカと歴史像の転換』岩波書店、一九九〇年、二七二頁。

（14）*А.И. Миллер и др.* (отв. ред.) Россия — Украина: История взаимоотношений. М., 1997. С.39.

（15）デイヴィス『ペレストロイカと歴史像の転換』、二七七〜二七八頁。

（16）橋本伸也『記憶の政治――ヨーロッパの歴史認識紛争』岩波書店、二〇一六年、六三〜六五頁。

（17）Orest Subtelny, *Ukraine: A History*, University of Toronto Press, 1988.

（18）Andreas Kappeler, From an Ethnonational to a Multinational to a Transnational Ukrainian History, in Georgiy Kasianov et al. (eds.), *A Laboratory of Transnational History: Ukraine and Recent Ukrainian Historiography*, CEU Press, 2009, p. 58.

（19）Georgiy Kasianov, *Memory Crash: The Politics of History in and around Ukraine, 1980s–2010*, CEU Press, 2022, pp. 22, 178, 181.

（20）Stefan Berger & Antoon De Baets（eds.), Writing History in Exile, *Storia della Storiografia*, vol. 69, 2016. Maria Zadencka et al. (eds.), *East and Central European History Writing in Exile, 1939–1989*, Brill, 2015. Stefan Berger & Philippe Müller (eds.), *Dynamics of Emigration: Émigré Scholars and the Production of Historical Knowledge in the 20th Century*, Berghahn, 2022.

（21）Volodymyr Kravchenko, Ukrainian Historicåal Writing in North America during the Cold War: Striving for "Normalcy," in Zadencka et al.（eds.), *East and Central European History Writing in Exile*. Volodymyr Kravchenko, *Ukrainian Historical Writing in North America during the Cold War*, Lexington Books, 2023.

（22）Arnold Toynbee, The Ukraine: A Problem in Nationality, *Nationalities Papers*, vol. 4, no. 2, 1976, p. 57. この論考は一九一五年に書かれたものである。

（23）Orest Subtelny, *Ukraine: A History*, Fourth edition, University of Toronto Press, 2009, p. xvii.

（24）Kravchenko, Ukrainian Historical Writing in North America during the Cold War, in Zadencka et al.（eds.), *East and Central European History Writing in Exile*, pp. 94–97, 106.

（25）*Н.И. Ульянов* Происхождение Украинского Сепаратизма. М., 2007 (New York, 1966).

（26）Mark von Hagen, Does Ukraine Have a History?, *Slavic Review*, vol. 54, no. 3, 1995.

（27）David R. Marples, *Heroes and Villains: Creating National History in Contemporary Ukraine*, CEU Press, 2007, p. 304. John-Paul Himka, *Ukrainian Nationalists and the Holocaust: OUN and UPA's Participation in the Destruction of Ukrainian Jewry, 1941–1944*, ibidem-Verlag, 2021. カナダ・ウクライナ研究所の「異端」取締機関化をヒムカが告発している。John-Paul Himka, Interventions: Challenging the Myths of Twentieth-Century Ukrainian History, in Alexsei Miller et al. (eds.), *The Convolutions of Historical Politics*, CEU Press, 2012, pp. 232–233.

（28）境界線の変転については以下を参照。*Н.Я. Дьякова и М.А. Чепелкин*. Границы России в XVII–XX веках（Приложение к « Истории России »）. М., 1995. С.30–42, 159–175.

（29）Hiroaki Kuromiya, *Freedom and Terror in the Donbas: A Ukrainian-Russian Borderland, 1870–1990s*, Cambridge University Press, 1998.

（30）Kasianov, *Memory Crash*, p. 90. 1992: Останній президент УНР передає Кравчуку клейноди, Історічно правда. 22 Січня, 2012. https://www.istpravda.com.ua/videos/2012/01/22/69657/

（31）Andrea Graziosi, Viewing the Twentieth Century through the Prism of Ukraine: Reflections on the Heuristic Potential of Ukrainian History, in Serhii Plokhy (ed.), *The Future of the Past: New Perspectives on Ukrainian History*, Harvard University Press, 2016, p. 108.

（32）「一九一八年のウクライナにおける国制構想と外交路線の相互関係」『ロシア・東欧研究』第四七号、二〇一八年、をはじめとした村田優樹の一連の論考を参照のこと。

（33）Kasianov, *Memory Crash*, p. 214.

（34）ところが、ロシアによる「ジェノサイド」に関するウクライナの訴えを扱う国際司法裁判所では、国連加盟国であったウクライナ・ソヴィエト社会主義共和国とウクライナ共和国との連続性が前提である。https://icj-cij.org/sites/default/files/case-related/182/182-20220316-ORD-01-00-EN.pdf

（35）塩川伸明「歴史・記憶紛争の歴史化のために」、橋本伸也編『紛争化させられる過去――アジアとヨーロッパにおける歴史の政治化』岩波書店、二〇一八年、三〇四～三〇六頁。

（36）福嶋千穂「ウクライナとロシア――「元祖」と「本家」の相克」『歴史学研究』第一〇三三号、二〇二三年。

（37）例えば、「いわゆる「脱共産主義化法」に関する科学者とウクライナ専門家の公開書簡」を参照（https://krytyka.com/ua/articles/vidkrytyy-lyst-naukovtsiv-ta-ekspertiv-ukrayinoznavtsiv-shchodo-tak-zvanoho）。同法により、Facebook にレーニンを引用しただけの大学生やソ連国章を描いたTシャツを着て窓拭き仕事をした失業者が禁固刑を受けた例もある（Kasianov, *Memory Crash*, p. 316）。ロシアでもこれを裏返したような記憶法が制定され、同様の判例が積み重ねられていた。いわゆる「記憶法」については、ニコライ・コーポソフ、橋本伸也訳「フランス・ヴィールス――ヨーロッパにおける刑事立法と記憶の政治」『思想』第一一五七号、二〇二〇年、を参照。

（38）橋本伸也「過去の政治化と国家間「歴史対話」」、前掲『紛争化させられる過去』、一七一～一七二頁。

（39）See Tibor Frank & Frank Hadler（eds.）, *Disputed Territories and Shared Pasts: Overlapping National Histories in Modern Europe*, Palgrave Macmillan, 2011.

（40）Volodymyr Kulyk, Language shift in time of war: the abandonment of Russian in Ukraine, *Post-Soviet Affairs*, vol. 40, no. 3, 2024. この論文でクリクは、各種調査結果に基づいて言語シフトを趨勢的に確認する一方、被調査者が戦時下の状況に順応して誇張的にウクライナ語使用に肯定的な態度を示した可能性に言及し、今後の展開には慎重な判断を示している。他方、二〇二四年七月の報道では、学校生徒のウクライナ語使用が減少傾向にあることが示され、一〇月には教育科学省が学校内の休憩時間におけるロシア語使用を禁止する法案を準備したことも伝えられている。Альона Павлюк. Діти стали менше спілкуватися українською. Серед причин - звичка і мова сім'ї // Українська правда. 11 липня https://life.pravda.com.ua/society/uchni-ta-vchiteli-stali-menshe-rozmovlyati-ukrajinskoyu-pid-chas-navchannya-ta-u-pobuti-doslidzhennya-302622/. Альона Павлюк. МОН підтримало законопроєкт про заборону російської мови у школах під час перерв // Українська првда. 11 жовтня. https://life.pravda.com.ua/society/mon-pidtrimalo-zakonoproyekt-pro-zaboronu-rozmovlyati-rosiyskoyu-na-shkilnih-perervah-304244/

第4章　「ジェノサイド」の想起と忘却

（1）https://www.icj-cij.org/node/203447

（２）Timothy Snyder, *Bloodlands: Europe between Hitler and Stalin*, Basic Books, 2010, p. 119. ティモシー・スナイダー、布施由紀子訳『ブラッドランド——ヒトラーとスターリン　大虐殺の真実』上巻、筑摩書房、二〇一五年、一九七頁。
（３）ギュンター・グラス、高本研一訳『ブリキの太鼓』全三部、集英社（集英社文庫）、一九七八年。
（４）Swoboda & Camiel Hamans, Memory is a Loaded Gun: An Epilogue, in Hannes Swoboda & Jan Marinus Wiersma (eds.), *Politics of the Past: The Use and Abuse of History*, Renner Institut, 2009, p. 244.
（５）List Putina do Polaków - pełna wersja. https://wyborcza.pl/7,75399,6983945,list-putina-do-polakow-pelna-wersja.html?as=1&ias=2&startsz=x
（６）プーチンとトゥスクの発言は今も以下からロシア語及び英語で読むことができる。http://archive.premier.gov.ru/events/news/10122/（ロシア語）, http://archive.premier.gov.ru/eng/events/news/10122/（英語）
（７）開戦から八五周年にあたる二〇二四年のヴェステルプラッテの式典の様子は、ポーランド首相府のサイトから知ることができる。Westerplatte - Never Again Alone and Weak!（01.09.2024）. https://www.gov.pl/web/primeminister/westerplatte---never-again-alone-and-weak
（８）「集団殺害の防止及び処罰に関する条約（ジェノサイド条約）」松井芳郎他編『国際人権条約・宣言集【第３版】』東信堂、二〇〇五年、二五三～二五四頁。ジェノサイド条約に関する研究には汗牛充棟の感があるが、さしあたり以下を参照。Willian A. Schabas, *Genocide in International Law: Crime of Crimes*, second edition, Cambridge University Press, 2009.
（９）「国際刑事裁判所規程」、松井芳郎他編『国際人権条約・宣言集【第３版】』、九三七～九七六頁。
（10）See Dominik J. Schaller & Jürgen Zimmerer (eds.), *The Origins of Genocide: Raphael Lemkin as a Historian of Mass Violence*, Routledge, 2009.
（11）Resolution on a Political Solution to the Armenian Question (18 June, 1987), *Official Journal of the European Communities*, No C190/119–C190/121, https://eur-lex.europa.eu/legal-content/EN/TXT/PDF/?uri=OJ:JOC_1987_190_R_0088_01&qid=1728875044993 . 百周年に当たる二〇一五年にも欧州議会は一九八七年決議を踏襲する決議を行った。European Parliament resolution of 15 April 2015 on the centenary of the Armenian Genocide (2015/2590 (RSP)) https://www.

europarl.europa.eu/doceo/document/TA-8-2015-0094_EN.html

(12) ニコライ・コーポソフ「「フランス・ヴィールス」」三七頁。

(13) 二〇〇八年決議は以下の通り。Commemoration of the Holodomor, the artificial famine in Ukraine (1932–1933), https://www.europarl.europa.eu/meetdocs/2009_2014/documents/ta/23/10/2008-%200523/p6_ta-prov (2008) 0523_en.pdf. 二〇二二年決議は以下の通り。Holodomor: Parliament recognises Soviet starvation of Ukrainians as genocide (15.12.2022), https://www.europarl.europa.eu/news/en/press-room/20221209IPR64427/holodomor-parliament-recognises-soviet-starvation-of-ukrainians-as-genocide

(14) 梶さやか「リトアニア――ジェノサイド・センターと国際委員会」、橋本伸也編『せめぎあう中東欧・ロシアの歴史認識問題』所収、参照。

(15) *Андрей Караулов* Геноцид русских в Украине, о чём молчит запад. М., 2015.

(16) ベトナムにおける戦争犯罪調査日本委員会編『ジェノサイド　民族みなごろし戦争』青木書店、一九六七年。

(17) 日本電波ニュース社「アメリカの戦争犯罪――東京法廷は告発する」一九六八年。You Tube 上ではベトナムにおける戦争犯罪調査日本委員会の派遣した第一次調査団の記録映画「真実を告発する」(一九六七年)が公開されている。https://www.youtube.com/watch?v=vbH3-TW2qPI

(18) Masahiro Hashimoto, Bodily Sufferings Caused by the Ball Bomb, in John Duffet (ed.), *Against the Crime of Silence: Proceedings of the Russell International War Crimes Tribunal*, O'hare Books, 1968, pp. 262–265. Masahiro Hashimoto, The Napalm Bomb, in Peter Limqueco et al. (eds.), *Preventing the Crimes of Silence*, Allen Lane The Penguin Press, 1971, pp. 199–202.

(19) 藤本博「ラッセル法廷と国際反戦運動の胎動――「ベトナムにおける戦争犯罪調査日本委員会」と民族的抵抗への共感を中心に」『歴史評論』第八二三号、二〇一八年。藤本博編『「１９６８年」再訪――「時代の転換期」の解剖』行路社、二〇一八年。

(20) ジャン゠ポール・サルトル「ジェノサイド」『世界』第二六七号、一九六八年。同「ジェノサイド」『朝日ジャーナル』第一〇巻第二号、一九六八年。前者はベトナムにおける戦争犯罪調査日本委員会編『続ラッセル法廷』人文

書院、一九六八年、三〇一〜三二〇頁に再録。
(21)『続ラッセル法廷』三一九頁、三二二頁。
(22)たとえば一九六七年一〇月二日付の電信は、ラッセル法廷の「判決」がジョンソン大統領、ラスク国務長官、マクナマラ国防長官を戦争犯罪人と宣告し、ジェノサイドにも言及するだろうと報告している。https://www.cia.gov/readingroom/docs/DOC_0005430756.pdf
(23)前掲の藤本らの論考を含む「特集・民衆法廷運動の軌跡と現在——「ラッセル法廷」を中心に」『歴史評論』第八二三号がこの忘却からの覚醒を促した。
(24)石田勇治・武内進一編『ジェノサイドと現代世界』勉誠出版、二〇一一年。
(25)L・クーパー、高尾利数訳『ジェノサイド——二〇世紀におけるその現実』法政大学出版局、一九八六年。
(26)Richard A. Falk (ed.), *The Vietnam War and International Law*, Vol. 1–4, Princeton University Press, 1968–76.
(27)J–P・サルトル、鈴木道彦他訳『植民地の問題』人文書院、二〇〇〇年。
(28)A. Dirk Moses (ed.), *Genocide: Critical Concepts in Historical Studies*, 6 vols, Routledge, 2010.
(29)Moses (ed.), *Genocide*, vol. 1, p. 1.
(30)Donald Bloxham & A. Dirk Moses (eds.), *The Oxford Handbook of Genocide Studies*, Oxford University Press, 2010.
(31)Cathie Carmichael et al. (eds.), *The Routledge History of Genocide*, Routledge, 2015.
(32)Dinah L. Shelton (ed.), *Encyclopedia of Genocide and Crimes against Humanity*, 3 vols., Macmillan Reference, 2005. Leslie Alan Holovitz et al. (eds.), *Encyclopedia of War Crimes & Genocide*, Revised Edition, 2 vols., Facts on File, 2011.
(33)Dan Stone (ed.), *The Historiography of Genocide*, Palgrave Macmillan, 2008.
(34)ジョン・ダワー、田中利幸訳『アメリカ 暴力の世紀——第二次世界大戦以降の戦争とテロ』岩波書店、二〇一七年。
(35)伊藤正子『戦争記憶の政治学——韓国軍によるベトナム人戦時虐殺問題と和解への道』平凡社、二〇一三年。
(36)Jeffrey S. Bachmann, *The United States and Genocide: (Re)Defining the Relationship*, Routledge, 2019.
(37)オメル・バルトフ、橋本伸也訳『ホロコーストとジェノサイド——ガリツィアの記憶からパレスチナの語りへ』

岩波書店、二〇二四年、の第一章「歴史上の唯一無二性《ユニークネス》と統合された歴史」を参照のこと。

（38）A. Dirk Moses, *The Problem of Genocide: Permanent Security and the Language of Transgression*, Cambridge University Press, 2021, p. 1.

（39）1. FORTHCOMING VERDICTS AND FUTURE PLANS OF THE INTERNATIONAL WAR CRIMES TRIBUNAL (IWCT) 1. COMMUNIST GOVERNMENTS' ATTITUDES TOWARDS THE IWCT [https://www.cia.gov/readingroom/docs/DOC_0005430756.pdf].

（40）フィリップ・サンズ、園部哲訳『ニュルンベルク合流――「ジェノサイド」と「人道に対する罪」の起源』白水社、二〇一八年。『西洋史学』第二七〇号、二〇二〇年、に書評を書いた（本書の補論1）。

補論1　ジェノサイドと人道に対する罪

（1）William A. Schabas, *Genocide in International Law: The Crimes of Crimes*, Cambridge University Press, 2000. 前田朗『ジェノサイド論』青木書店、二〇〇二年。

（2）アンネッテ・ヴァインケ、板橋拓己訳『ニュルンベルク裁判――ナチ・ドイツはどのように裁かれたのか』中央公論新社（中公新書）、二〇一五年。芝健介『ニュルンベルク裁判』岩波書店、二〇一五年。

（3）Philippe Sands, *East West Street: On the Origins of "Genocide" and "Crimes against Humanity"*, Alfred A. Knopf, 2016. フィリップ・サンズ、園部哲訳『ニュルンベルク合流――「ジェノサイド」と「人道に対する罪」の起源』白水社、二〇一八年。

（4）野村真理『ガリツィアのユダヤ人――ポーランド人とウクライナ人のはざまで』人文書院、二〇〇八年。

（5）Sands, *East West Street*, pp. 354–355. サンズ『ニュルンベルク合流』五三五頁。

第5章　アウシュヴィッツを中東欧の大地に連れ戻す

（1）Timothy Snyder, *Bloodlands: Europe between Hitler and Stalin*, Basic Books, 2010. ティモシー・スナイダー、布施由紀子訳『ブラッドランド――ヒトラーとスターリン　大虐殺の真実』上・下、筑摩書房、二〇一五年。訳書に付された副題は、原著が between に込めた含意を損ない、「真実」という、歴史の認識可能性問題に敏感なまじめな歴史家なら慎重に回避する語（遅塚忠躬『史学概論』東京大学出版会、二〇一〇年、参照）を使用することで、キワモノ的印象を喚起している。同じく、訳書で原著の空白行に代えて付された小見出しは、長く持続する錯綜した思索に耐えられない読者の便宜を考えたものだろうが、空白によってもたらされる連続と非連続との緊張のうえに成り立つ叙述と思考を断ち切り、そこに生起すべき意味を陳腐な紋切り型に回収してしまっている。苦心の結果だとは思われるが、「流血地帯」という訳語にも違和感がある。なお、本章の Bloodlands のカナ表記は、複数形であることを明示するために、訳書とは異なる「ブラッドランヅ」とした。

（2）Timothy Snyder, *Black Earth: The Holocaust as History and Warning*, The Bodley Head, 2015. ただし筆者は Vintage, 2016 の版でこの書を読んだ。ティモシー・スナイダー、池田年穂訳『ブラックアース——ホロコーストの歴史と警告』（上・下）慶應義塾大学出版会、二〇一六年。

（3）一九〇七年に改定されたハーグ陸戦条約附属書第四条は「俘虜ハ人道ヲ以テ取扱ハルヘシ」とし、第七条は捕虜の給養義務を政府に課し、糧食・寝具・被服については自国軍隊同等の取り扱いを求めている［松井芳郎他編『国際人権条約・宣言集【第三版】』東信堂、二〇〇五年、七五一頁］。ドイツによる存命中のロシア人元捕虜への補償は、戦争終結から七〇年が経過した二〇一五年になってやっと本格的に始動したばかりである［Germany to pay compensation to Soviet WW2 prisoners (May 20, 2015, http://www.reuters.com/article/us-germany-russia-war-idUSKBN0O51PP20150520)］。

（4）清水正義『「人道に対する罪」の誕生——ニュルンベルク裁判の成立をめぐって』丸善プラネット、二〇一一年、一五八〜一五九頁。

（5）John Connelly, Gentle revisionism, in Connelly et al., Review Forum, Timothy Snyder, Bloodlands: Europe between Hitler and Stalin, *Journal of Genocide Research*, 13-3, 2011, p. 313.

（6）Aleida Assmann, Europe's Divided Memory, Uilleam Blacker et al.（eds.）, *Memory and Theory in Eastern Europe*, Palgrave Macmillan, 2013, pp. 32-33.

（7）Jörg Baberowski, Once and for all: The encounter between Stalinism and Nazism. Critical Remark's on Timothy Snyder's

Bloodlands, in Forum Timothy Snyder's *Bloodlands*, *Contemporary European History*, 21–2, 2012, p. 145.

（8）Tony Judt with Timothy Snyder, *Thinking the Twentieth Century*, William Heinemann, 2012, pp. 32–45. トニー・ジャット、聞き手ティモシー・スナイダー、河野真太郎訳『二〇世紀を考える』みすず書房、二〇一五年、六一〜八〇頁。

（9）橋本伸也『記憶の政治――ヨーロッパの歴史認識紛争』岩波書店、二〇一六年、の六九〜七四頁を参照。

（10）Mark Roseman, Bloodlines, *Journal of Genocide Research*, 13–3, 2011, p. 323.

（11）Andriy Portnov, On the importance of synthesis and the productiveness of comparison, ibid., p. 330.

（12）Mark Mazower, Timothy Snyder's *Bloodlands*, *Contemporary European History*, 21–2, pp. 120–121.

（13）Dan Diner, Topography of Interpretation: Reviewing Timothy Snyder's *Bloodlands*, ibid., p. 129.

（14）Thomas Kühne, Great Man and Large Numbers: Undertheorising a History of Mass Killing, ibid., pp. 134–135.

（15）橋本伸也「多重化された「東・西」と歴史認識問題――ヨーロッパにおける歴史・記憶紛争を素材として」『思想』第一〇九一号、二〇一五年、を参照。

（16）Timothy Snyder, Collaboration in the bloodlands, *Journal of Genocide Research*, 13–3, pp. 339–353; Timothy Snyder, The Causes of the Holocaust, *Contemporary European History*, 21–2, pp. 149–168.

（17）Timothy Snyder, *Black Earth*, p. 207［『ブラックアース』下、三〜四頁］.

（18）Tony Judt, *Ill Fares the Land*, Penguin Books, 2010, p. 202［トニー・ジャット、森本醇訳『荒廃する世界のなかで――これからの「社会民主主義」を語ろう』みすず書房、二〇一〇年、二二一〜二二二頁］.

（19）Timothy Snyder, *The Reconstruction of Nations: Poland, Ukraine, Lithuania, Belarus, 1569–1999*, Yale University Press, 2003. その末尾近くには、次のような一節がある。「欧州連合加盟によりポーランドは、国家権力の伝統的領域における主権をプールしてきた国民国家群のひとつとなるだろう」(p. 293)。スナイダーにとってEUは主権の相互供出による国民国家安定化の試みであり、それへの加盟は中東欧諸国の国民国家としての存立と主権の強化に寄与するものとして理解されていた。この時点での彼の枠組みでは当然、ウクライナもベラルーシやロシアとともにヨーロッパ理念を共有して、ポーランドやリトアニアと同じ道をたどるはずであった。以降で触れるスナイダーの精神的危機は、この予想がみごとに裏切られたことと無縁ではないだろう。

（20）Timothy Snyder, Integration and Disintegration: Europe, Ukraine, and the World, in Critical Forum on Ukraine, *Slavic Review*, 74-4, 2015, p. 706.
（21）Maria Todorova, On Public Intellectuals and their Conceptual Frameworks, ibid., p. 709.
（22）*Тімоті Снайдер* Українська історія, російська політика, європейське майбутнє. К., 2014. С.11. ロシア語版は以下のとおり。*Тимоти Снайдер* Уккраинская история, российская политика, европейское будущее. К., 2014. С.11.
（23）Timothy Snyder, *The Red Prince: The Secret Lives of a Habsburg Archduke*, Basic Books, 2008. ティモシー・スナイダー、池田年穂訳『赤い大公――ハプスブルク家と東欧の二〇世紀』慶應義塾大学出版会、二〇一四年。

第6章　ホロコーストをたどる「旅」

（1）たとえば、畑中幸子『リトアニア――小国はいかに生き抜いたか』日本放送出版協会（NHKブックス）、一九九六年。
（2）早坂眞理『リトアニア――歴史的伝統と国民形成の狭間』彩流社、二〇一七年。
（3）ルータ・ヴァナガイテ、エフライム・ズロフ、重松尚訳『同胞――リトアニアのホロコースト伏せられた歴史』東洋書店新社、二〇二二年。
（4）杉原ヴィザ「神話」を検証する最新の研究として以下を参照。Rotem Kowner, The Puzzle of Rescue and Survival: The Wartime Exodus of Jewish Refugees from Lithuania and their Japanese Savior Redux, *Journal of World History*, Vol. 35, No. 2, 2024. この論文を教示いただいたラン・ツヴァイゲンバーグさん（九州大学・ペンシルヴェニア大学）に感謝したい。すでに二〇〇〇年代初頭に阪東宏が実証研究を重ねていたことにも留意。阪東宏『日本のユダヤ人政策 一九三一―一九四五――外交史料館文書「ユダヤ人問題」から』未來社、二〇〇二年。同『世界のなかの日本・ポーランド関係 一九三一―一九四五』大月書店、二〇〇四年。
（5）野村真理「自国史の検証――リトアニアにおけるホロコーストの記憶をめぐって」、野村真理・弁納才一編『地域統合と人的移動――ヨーロッパと東アジアの歴史・現状・展望』御茶の水書房、二〇〇六年、他。
（6）たとえば、イディッシュから英訳された日記として以下のものがある。Herman Kruk, *The Last Days of the Jerusalem*

of Lithuania: Chronicle from the Vilna Ghetto and the Camps, 1939–1944, Yale University Press, 2002. また次も参照。Sara Ginaite-Rubinson, *Resistance and Survival: The Jewish Community in Kaunas 1941–1944*, Mosaic Press, 2005. 後者はリトアニア語からの翻訳である。

（7）Volksbund Deutsche Kriegsgräberfürsorge e. V.（Ed.）et al., *Buch der Erinnerung*, Teil1-2, K. G. Saur: München, 2003.

（8）Tarptautinė Komisja Nacių ir Sovietino Okupacinių Režimų Nusikaltimams Lietuvoje Įvertini, *Totalitarinių režimų nusikaltimai Lietuvoje. Nacių okupacija / The Crimes of the Totalitarian Regimes in Lithuania. The Nazi Occupation*, 3 vols., Vilnius: Margi raštai, 2004–2006.

（9）たとえば Arūnas Bubnys, *The Holocaust in Lithuania between 1941 and 1944*, Vilnius: Genocide and Resistance Research Center, 2008.

（10）Vilna Gaon State Museum, *Lithuania Holocaust Atlas*, 2011.

（11）Violeta Davoliūtė, *The Making and Breaking of Soviet Lithuania: Memory and Modernity in the Wake of War*, Routledge, 2013.

（12）この種の発想は標準的な通史で、バルト諸国における地元住民の対ナチ協力は「残忍なソヴィエト支配の中でユダヤ人が初めて権力の地位に就いたことで、ユダヤ人が自国の破壊に関与していると多くのエストニア人、ラトヴィア人、リトアニア人が考え、憤慨したことが一因となっている」と説明されているところにも反映している。アンドレス・カセカンプ、小森宏美・重松尚訳『バルト三国の歴史――エストニア・ラトヴィア・リトアニア 石器時代から現代まで』明石書店、二〇一四年、二二三頁。

（13）*The Jerusalem Post*（online）, September 4, 2024. https://www.jpost.com/israel-news/article-818724

（14）エリック・リヒトブラウ、徳川家広訳『ナチスの楽園』新潮社、二〇一五年。

（15）Mary Fulbrook, *Reckonings: Legacies of Nazi Persecution and the Quest for Justice*, Oxford University Press, 2018.

（16）Francine Hirsch, *Soviet Judgment at Nuremberg: A New History of the International Military Tribunal after World War II*, Oxford University Press, 2020.

（17）たとえば *Михаил Габовис*（ред.）Памятник и Праздник. СПб., 2020.

（18）Hilene Franzbaum (ed.), *The Americanization of the Holocaust*, Johns Hopkins University Press, 1999. あわせて以下も参照。Peter Novick, *The Holocaust in American Life*, Houghton Mifflin, 1999 (A Mariner Book, 2000).

（19）Ex. Bashir Bashir et al. (eds.), *The Holocaust and the Nakba: A New Grammar of Trauma and History*, Columbia University Press, 2018［バシール・バシール、アモス・ゴールドバーグ編、小森謙一郎訳『ホロコーストとナクバ――歴史とトラウマについての新たな話法』水声社、二〇二三年］. 第1章の注26・27に挙げたとおり、しばらく以前からこの種の試みが他にも見られるようになっていた。また、同書にも寄稿したオメル・バルトフの著書も刊行された。橋本伸也訳『ホロコーストとジェノサイド――ガリツィアの記憶からパレスチナの語りへ』岩波書店、二〇二四年。

（20）イラン・パペ、田波亜央江・早尾貴紀訳『パレスチナの民族浄化――イスラエル建国の暴力』法政大学出版局、二〇一七年、他。サラ・ロイ、岡真理他編訳『ホロコーストからガザへ――パレスチナの政治経済学』青土社、二〇〇九年（新装版、二〇二四年）、他。

（21）Рута Ванагайте: “Антисемитизм никуда не делся. Мир видит происходящее как в кривом зеркале”. Интервью // NEWSRU.CO.IL 05 ноября 2023. https://www.newsru.co.il/israel/5nov2023/vanagaite_int.html

第7章　「歴史家論争2.0」と「過去の克服」の行方

（1）国際司法裁判所における本件の時系列展開は以下のページから閲覧できる。https://www.icj-cij.org/case/193 同裁判所は、二〇二四年四月三〇日付でニカラグアの求めた暫定措置の必要を退けたうえで、七月一九日付の命令で、ニカラグアの申述書は二〇二五年七月、ドイツからの答弁書は二〇二六年七月を提出期限とした。本件の本格的審理はそれ以降になるものと思われる。

（2）審査の模様は以下のサイトから視聴可能である。https://webtv.un.org/en/asset/k1t/k1t3gtp1o4

（3）https://jp.reuters.com/world/europe/ILREUAO4IBJEZG6W7ZXH7UHEFQ-2024-10-18/

（4）Report of the Special Committee to Investigate Israeli Practices Affecting the Human Rights of the Palestinian People and Other Arabs of the Occupied Territories, General Assembly A/79/363, 20 September 2024. https://documents.un.org/doc/undoc/gen/n24/271/19/pdf/n2427119.pdf

（5）Giada Zampano, Pope Francis calls for investigation to determine if Israel's attacks in Gaza constitute genocide. https://apnews.com/article/pope-vatican-gaza-israel-genocide-book-62907898cead13dbcfd603592263904c?taid=6739cdf34b4cf300010a9278

（6）https://geschichtedergegenwart.ch/the-german-catechism/

（7）以下のサイトにモーゼスらの提起ないし告発をめぐってなされた反批判や討論のまとめがなされている。二〇二四年夏時点でも関連論考やサイトへのリンクの追加が続けられている。https://serdargunes.wordpress.com/2021/06/04/a-debate-german-catechism-holocaust-and-post-colonialism/

（8）https://newfascismsyllabus.com/news-and-announcements/the-catechism-debate/

（9）Forum: The Achille Mbembe Controversy and the German Debate About Antisemitism, Israel, and the Holocaust, *Journal of Genocide Research*, 23–3, 2021.

（10）たとえば高橋哲哉は「二一世紀の新たな潮流のもとでドイツもまた、たとえば前世紀初頭に西アフリカで犯した「ヘレロ・ナマワの虐殺」をジェノサイドと認め、「赦しを乞う」と正式に謝罪し、被害者遺族に支援金を支払うことでナミビア側と合意しました」と述べる。「ショアーからナクバへ、世界への責任」『世界』第九七九号、二〇二四年三月。

（11）ンベンベの著作は日本ではわずかしか紹介されてこなかったが、『世界』の二〇二四年五月号が、彼の論考の邦訳（中村隆之訳「西アフリカのクーデターは約一世紀続くフランス支配の終わりを告げている」）を掲載した。彼は「ネクロポリティクス」という概念を提唱して、反植民地主義の立場から国家主権の行使としての「殺すことと生かすこと」や暴力についての思索を深めてきたことで知られる。Achille Mbembe, *Necropolitics*, tr. by Steven Corcoran, Duke University Press, 2019; Achille Mbembe, *Brutalism*, tr. by Steven Corcoran, Duke University Press, 2024. 二〇二四年一一月に以下の訳書が出た。アシル・ムベンベ、宇野邦一訳『黒人理性批判』講談社、二〇二四年。続いて以下も出た。アシル・ンベンベ、中村隆之・福島亮訳「フランツ・ファノンの普遍性」『思想』第一二一〇号、二〇二五年。

（12）Beauftragter der Bundesregierung für jüdisches Leben in Deutschland und den Kampf gegen Antisemitismus. 弁務官職は、「ドイツにおける反ユダヤ主義の高まり」との現状認識により連立協定に沿って設置され、反ユダヤ主義との闘争の

ための省庁間の連携、ユダヤ人団体や市民社会との連絡調整等を担うものとされている。二〇一八年に連邦内務省に設置されて以来、一貫してフェリックス・クラインが務めている。https://www.bmi.bund.de/DE/ministerium/beauftragte/beauftragter-antisemitismus/beauftragter-antisemitismus-node.html;jsessionid=8953481AE0707F5514A65F0FEEE500B2.live862. 彼は、ハマースによる襲撃とガザにおけるイスラエルの戦闘／殺戮の開始から一年を経て、ドイツは一九四五年以来未曾有の「反ユダヤ主義の津波」に襲われていると発言した。https://www.timesofisrael.com/german-antisemitism-czar-says-country-facing-tsunami-of-jew-hatred-since-oct-7/

（13）Felix Klein, I See No Need for an Apology, *DIE ZEIT*, Nr. 22/2020.

（14）ドイツ語版：https://www.dropbox.com/s/grroe59qd92q2s/Aufruf%20an%20Bundesminister%20Seehofer.pdf?e=1&dl=0
英語版：https://www.scribd.com/document/459345514/Call-on-German-Minister-Seehofer

（15）Alan Posener, Der blinde Fleck der Linken, *Zeit-Online*, 31. Juli 2020. https://www.zeit.de/politik/deutschland/2020-07/antisemitismus-offener-brief-achille-mbembe-felix-klein-debatte

（16）https://www.taringpadi.com/statement-by-taring-padi-on-dismantling-peoples-justice-at-documenta-fifteen/?lang=en https://ruangrupa.id/en/2022/09/10/we-are-angry-we-are-sad-we-are-tired-we-are-united/ このサイトはハッキングを受けて、二〇二四年九月二日以降閉鎖中だが、以下に転載されている。https://www.e-flux.com/notes/489580/we-are-angry-we-are-sad-we-are-tired-we-are-united-letter-from-lumbung-community

（17）A. Dirk Moses, The German Campaign against Cultural Freedom: Documenta 15 in Context, *Grey Room*, no. 92, 2023. https://doi.org/10.1162/grey_a_00369

（18）Melissa Eddy, Director of Berlin's Jewish Museum Quits After Spat Over B.D.S., *New York Times*, June 14, 2019. https://www.nytimes.com/2019/06/14/world/europe/berlin-jewish-museum-director-quits-bds.html

（19）https://www.timesofisrael.com/top-german-cultural-institute-revokes-invitation-to-controversial-palestinian-writer/

（20）Susan Neimana and Anna-Esther Younes, Antisemitism, Anti-Racism, and the Holocaust in Germany: A Discussion Between Susan Neiman and Anna-Esther Younes, *Journal of Genocide Research*, 23-3, 2021, pp. 428-429.

（21）結果的には受賞は取り消されなかった。Masha Gessen, In the Shadow of the Holocaust: How the politics of memory in

Europe obscures what we see in Israel and Gaza today, *The New Yorker*, December 9, 2023. https://www.newyorker.com/news/the-weekend-essay/in-the-shadow-of-the-holocaust

（22）https://www.mpg.de/21510445/statement-ghassan-hage

（23）Jürgen Zimmerer und Michael Rothberg, Erinnerungskultur: Enttabuisiert den Vergleich! Die Geschichtsschreibung globalisieren, das Gedenken pluralisieren: Warum sich die deutsche Erinnerungslandschaft verändern muss, *Die Zeit*, Nr. 14, 4. April 2021. https://www.zeit.de/2021/14/erinnerungskultur-gedenken-pluralisieren-holocaust-vergleich-globalisierung-geschichte

（24）Michel Rothberg, Lived multidirectionality: “*Historikerstreit 2.0*” and the politics of Holocaust memory, *Memory Studies*, Vol.15, Issue 6, 2020.

（25）バシール・バシール、アモス・ゴールドバーグ編、小森謙一郎訳『ホロコーストとナクバ——歴史とトラウマについての新たな話法』水声社、二〇二三年。Jie-Hyun Lim & Eve Rosenhaft, *Mnemonic Solidarity: Global Interventions*, Palgrave Macmillan, 2021.

（26）二〇二一年一〇月にポツダムで行われた「歴史家論争」シンポジウムの様子は以下から視聴可能。https://www.einsteinforum.de/tagung/historiker-streiten/ 論文集も刊行された。Susan Neiman und Michael Wildt (hrsg.), *Historiker Streiten: Gewalt und Holocaust - Die Debatte*, Propyläen, 2022.

（27）https://www.einsteinforum.de/tagung/hijacking-memory-the-holocaust-and-the-new-right/ このシンポジウムを理由にアインシュタイン・フォーラムがさまざまの攻撃にあったことから、シンポジウムの講演者が連名で公開書簡を発して、ドイツの状況の深刻さに警鐘を鳴らしている。https://www.einsteinforum.de/veranstaltungen/open-letter-regarding-the-conference-hijacking-memory/

（28）https://holocaustremembrance.com/

（29）https://holocaustremembrance.com/resources/stockholm-declaration

（30）https://holocaustremembrance.com/resources/working-definition-antisemitism

（31）Jamie Stern-Weiner, *The Politics of a Definition: How the IHRA Working Definition of Antisemitism is Being Misrepresented*, Free Speech on Israel, April 2021.

（32）アメリカ国務省は、例示を含むＩＨＲＡ定義が二〇一〇年以降国務省が使用してきた定義に完全に合致するとして、二〇一六年以降、これを国務省定義に採用した。https://www.state.gov/defining-antisemitism/ 大学キャンパスで学生たちの展開したイスラエルへの抗議行動が「反ユダヤ主義」扱いされた背景には、国務省によるこの定義の採用と並行して、各大学等の学内管理運営機関がＩＨＲＡ定義をあたかも拘束力ある規範のように採択・承認したことがある。なお、イスラエル政府批判を「反ユダヤ主義」に関連させたアメリカ国務省の二〇一〇年定義は以下より確認できる。https://2009-2017.state.gov/j/drl/rls/fs/2010/122352.htm この後、合衆国ではＩＨＲＡ定義が連邦反差別法に書き込まれるに至っている。https://www.congress.gov/bill/118th-congress/house-bill/6090/text 二〇一六年以来、定義策定に関与したケネス・シュテルンが二〇二四年春の状況に当惑しながら、「大学キャンパスでの言論を標的にしたり抑え込んだりする道具として定義が法案化されたわけではないし、それが意図されたわけではけっしてない」と述べているのが注目される（Eyal Press, The Problem with Defining Antisemitism: Kenneth Stern helped write a definition now endorsed by more than forty countries. Why does he believe it's causing harm?, *The New Yorker*, March 13, 2024）。「定義の政治」をめぐるこうした経緯は、以下で触れるヨーロッパ諸国の動向とともに別途詳細に論じられるべきものである。

（33）Rebecca Ruth Gould, Legal Form and Legal Legitimacy: The IHRA Definition of Antisemitism as a Case Study in Censored Speech, *Law, Culture and the Humanities*, Vol. 18 (1), 2022. Rebecca Ruth Gould, The IHRA Definition of Antisemitism: Defining Antisemitism by Erasing Palestinians, *The Political Quarterly*, Vol. 91, No. 4, October–December 2020.

（34）欧州議会決議は以下にある。https://www.europarl.europa.eu/doceo/document/TA-8-2017-0243_EN.pdf また、欧州委員会とＩＨＲＡが協力してハンドブックを作成した。https://op.europa.eu/en/publication-detail/-/publication/d3006107-519b-11eb-b59f-01aa75ed71a1/language-en

（35）https://jerusalemdeclaration.org/

（36）Aleida Assmann, A Spectre is Haunting Germany: The Mbembe Debate and the New Antisemitism, *Journal of Genocide Research*, 23-3, 2021, pp. 405–406. アスマンが問題点を指摘したドイツ連邦内務省サイト内の当該文書は現在アクセスできなくなっている。

（37）Peter Ullrich, *Expert Opinion on The "Working Definition of Antisemitism" of The International Holocaust Remembrance Alliance, IMPRESSUM PAPERS 3/2019*, The Rosa-Luxemburg-Stiftung, 2019, p. 9.

（38）「定義の政治」について、さしあたり以下を参照。David Feldman & Marc Volovici (eds.), *Antisemitism, Islamophobia and the Politics of Definition*, Palgrave Macmillan, 2023.

（39）https://dserver.bundestag.de/btd/19/101/1910191.pdf 二〇二四年夏以来、ドイツ議会ではＢＤＳ非難決議に続く「今こそネヴァーアゲイン、ドイツにおけるユダヤ人の生の保護・維持・強化」なる決議の策定が準備されている。これに対していち早く一五〇人に及ぶドイツ在住のユダヤ人アーティストらが「深い懸念」を表明し、さらに一〇月一八日にはアムネスティ・インターナショナルなどの市民団体や平和団体などが連名でこの決議案が「基本権を脅かしかねない」ことへの「多大の懸念」を示した。https://p.dw.com/p/4kTAg ; https://www.amnesty.de/aktuell/deutschland-antisemitismus-resolution-gefaehrdet-grundrechte 反対にもかかわらず、この決議案は一一月六日に採択された。https://www.dw.com/en/germany-passes-controversial-antisemitism-resolution/a-70715643

（40）https://archive.org/details/2019-06-03_Call-by-240-Jewish-and-Israeli-Scholars-to-German-Government-on-BDS-and-Anti-Semitism

（41）エンツォ・トラヴェルソ、湯川順夫訳『ポピュリズムとファシズム――二一世紀の全体主義のゆくえ』作品社、二〇二一年、四四頁。トラヴェルソは、「歴史家論争2.0」に棹さした論考では、右翼ポピュリストが「反ユダヤ主義」を放棄し、ユダヤ人に西洋的な「ユダヤ＝キリスト教文明」の担い手たる地位が与えられたのだから、「彼らをイスラームとイスラーム・テロリズムから守るのがヨーロッパのなすべきこと」とみなされるようになったと主張する。Enzo Traverso, No, Post-Nazi Germany Isn't a Model of Atoning for the Past, *JACOBIN*, 06.06.2022. https://jacobin.com/2022/06/post-nazi-germany-colonialism-holocaust-israel-atonement

（42）https://www.philomag.de/artikel/der-neue-historikerstreit 訳文は藤原辰史氏から教示を得た。ほぼ同内容のものが以下に収められている。Jürgen Habermas, Statt eines Vorworts, in Saul Friedländer et al., *Ein Verbrechen ohne Name: Anmerkungen zum Streit über den Holocaust*, C. H. Beck, 2022, pp. 9–13.

（43）ユルゲン・ハーバーマス他、藤本一勇他訳『テロルの時代と哲学の使命』岩波書店、二〇〇四年、五〇頁。

補論2　ホロコーストとナクバを貫く話法

（1）バシール・バシール、アモス・ゴールドバーグ編、小森謙一郎訳『ホロコーストとナクバ——歴史とトラウマについての新たな話法』水声社、二〇二三年、一六七～一六八頁。Bashir Bashir et al.（eds.）, *The Holocaust and the Nakba: A New Grammar of Trauma and History*, Columbia University Press, 2018, pp. 135–136. 引用箇所は訳書の頁を本文に記す。

（2）ジェフリー・ハーフ、星乃治彦他訳『ナチのプロパガンダとアラブ世界』岩波書店、二〇一三年。

（3）Geoff Eley, The personal is historical: On not finding a place to stand, *Central European History*, Vol. 54, 2021, p. 126.

（4）たとえば、イラン・パペ、田浪亜央江・早尾貴紀訳『パレスチナの民族浄化——イスラエル建国の暴力』法政大学出版局、二〇一七年。

（5）ラシード・ハーリディー、鈴木啓之他訳『パレスチナ戦争——入植者植民地主義と抵抗の百年史』法政大学出版局、二〇二三年。

（6）See Berber Bevernage & Nico Wouters（eds,）, *The Palgrave Handbook of State-Sponsored History after 1945*, Palgrave Macmillan, 2018, Part II Archives and Library.

（7）Israeli Damage to Archives, Libraries, and Museums in Gaza, October 2023–January 2024: A Preliminary Report from Librarians and Archivists with Palestine. https://librarianswithpalestine.org/wp-content/uploads/2024/02/LAP-Gaza-Report-2024.pdf

（8）Omer Bartov, *Genocide, the Holocaust and Israel-Palestine: First-Person History in Times of Crisis*, Bloomsbury, 2023, p. 20. オメル・バルトフ、橋本伸也訳『ホロコーストとジェノサイド——ガリツィアの記憶からパレスチナの語りへ』岩波書店、二〇二四年、二九頁。

（9）Omer Bartov, *The Butterfly and the Axe*, Amsterdam Publishers, 2023.

第8章　ナチ犯罪とヴェトナムとパレスチナを接続する

（1）Bertrand Russell, Bertrand Russell's Last Message, *The Spokesman*, no. 2, 1970, p. 5［二〇二三年一〇月に https://spokesmanbooks.org/wp-content/uploads/2023/10/100RussPalestine.pdf に再録。再録時のタイトルは Palestine Tragedy］.

（2）Three Views on the Arab-Israeli Conflict, *London Bulletin*, no. 1, 1967, pp. 6–7.

（3）ラッセルの名を冠した二度目の国際民間法廷は一九七四年（ローマ）と一九七六年（ブリュッセル）に開催された。これは、ラッセル法廷（一九六七年）メンバーだったイタリアの政治家で法律家のレリオ・バッソの呼びかけにより、ラテンアメリカの軍事独裁政権下で起こった深刻な人権侵害を扱うものであった。その際、在チリのブラジル人亡命者からバッソへの働きかけがあったことを伝える史料もある。さしあたり以下を参照。Umberto Tulli, Wielding the human rights weapon against the American empire: the second Russell Tribunal and human rights in transatlantic relations, *Journal of Transatlantic Studies*, vol. 19, 2021. Common Front for Latin America and Committee against Repression in Brazil, The Russell Tribunal on Repression in Brazil, 1974［https://library.brown.edu/create/wecannotremainsilent/wp-content/uploads/sites/43/2021/10/Russel-Tribunal-on-Repression-in-Brazil.pdf］. この後、バッソはイタリアを拠点として恒久的民衆法廷の創設運動に取り組み、以下のサイトで関連文書を見ることができる。https://www.fondazionebasso.it/2015/?lang=en#

（4）ラッセル法廷が着想され準備される過程の概要は、森川金壽『ベトナムにおけるアメリカ戦争犯罪の記録』三一書房、一九七七年、八七〜九〇頁を参照。

（5）Bertrand Russell Archive (BRA), Box 10.1, Doc. No. 170036.

（6）BRA, Box 10.1, Doc. No. 170039, 170040, 170041.

（7）Richard A. Falk (ed.), *The Vietnam War and International Law*, vol. 1–4, Princeton University Press, 1968–76. R・A・フォーク編、佐藤和男訳『ベトナム戦争と国際法——アメリカの軍事介入の合法性に関する分析』新生社、一九六八年。さらに、以下も参照。Stefan Andersson (ed.), *Revisiting the Vietnam War and International Law: Views and Interpretations of Richard Falk*, Cambridge University Press, 2018.

（8）John Duffett (ed.), *Against the Crime of Silence: Proceedings of the Russell International War Crimes Tribunal, Stockholm, Copenhagen*, O'Hare Books, 1968, p. 19. 法廷直後刊行のダフェット編のプロシーディングズと並んで、ペーター・ヴァイスらの編んだ法廷記録がある。これには、他誌からの転載でチョムスキーの「まえがき」と「ピンクヴィルの後に」と題する論考が収録されている。ピンクヴィルとは、米軍の住民虐殺で知られるヴェトナムのミライ（ソンミ村）のスラング的呼称である。Peter Limqueco & Peter Weis (eds.), *Prevent the Crime of Silence: Reports from the Sessions of the International War Crimes Tribunal founded by Bertrand Russell, London, Stockholm, Roskilde*, Allen Lane The Penguin Press, 1971.

（9）ドイッチャー宛は BRA, Box 10.1, Doc. No. 170077.

（10）BRA, Box 10.1, Doc. No. 170104.

（11）ＣＩＡの文書中に以下のものが含まれる。Acceptance of Final Text of "Rules of The International War Crimes Tribunal" by The Tribunal's Executive Committee at its Paris Meeting 7 December 1966 [https://www.cia.gov/readingroom/docs/DOC_0005425053.pdf].

（12）日本委員会については近年検討が進んでいる。藤本博「ラッセル法廷と国際反戦運動の胎動――「ベトナムにおける戦争犯罪調査日本委員会」と民族的抵抗への共感を中心に」『歴史評論』第八二三号、二〇一八年。藤本博編『「１９６８年」再訪――「時代の転換期」の解剖』行路社、二〇一八年、第一四章など。日本から森川に加えて坂田昌一、松田道雄、湯川秀樹を招聘する書簡や電報が残されているが（BRA, Box 10.3, Doc. No. 171039, 171080, 171176, 171179）、実際に法廷メンバーになったのは森川と坂田のみである。ＣＩＡが入手したロンドン予備会議議事録には、自身の参加資格を懸念する坂田の発言がある［https://www.cia.gov/readingroom/docs/DOC_0005425060.pdf］。犯罪調査日本委員会や関係者の出版物では坂田の名前はことごとく消されており、バートランド・ラッセル文書館の関連文書、法政大学ボアソナード記念現代法研究所所蔵「森川資料」などからは、世界的なそれと同様、日本の左翼的社会運動・科学運動内の党派対立など未解明問題の多くあることが窺われる。

（13）Duffett (ed.), *Against the Crime*, p. 14. ベトナムにおける戦争犯罪調査日本委員会編『ラッセル法廷――ベトナムにおける戦争犯罪の記録』人文書院、一九六七年、二六頁。ただし訳文は変更している。

（14）Ibid., p. 15. 同前、二七～二八頁。

（15）Ibid., p. 17. 同前、一六～一七頁。英語版に載せられた坂田の名が日本語版にはない。

（16）Ibid., p. 218. 同前、一一五頁。

（17）Ibid., pp. 302–309. 同前、二〇三～二一三頁。

(18) Ibid., pp. 643–650. ベトナムにおける戦争犯罪調査日本委員会編『続ラッセル法廷——ベトナムにおける戦争犯罪の記録』人文書院、一九六八年、二九三～三〇〇頁。

(19) 同前、二六七～二七五頁。英文報告書にはこれは掲載されていない。マタラッソのラッセル法廷論は以下を参照。https://www.leomatarasso.cloud/en/documento/brief-contribution-to-the-history-of-the-russell-tibunal-on-war-crimes-in-vietnam/

(20) Ibid., pp. 626–643. 同前、二七六～二九三頁。邦訳は「総括的論告」とするが、英文タイトルは Summation on Genocide である。

(21) Ibid., pp. 612–626. 同前、三〇一～三二〇頁。J＝P・サルトル、海老坂武解説『植民地の問題』人文書院、二〇〇〇年には、加藤晴久による別訳「ジェノサイド」（フランスの雑誌掲載テクストからの翻訳であり、一部内容の異同がある）が「開廷の辞」とともに収録されている。

(22) Bertrand Russell, The Conscience of Mankind, *Vietnam Solidarity Bulletin*, vol. 1, no. 5, Sept. 1966; *The Week: A News Analysis for Socialists*, vol. 6, no. 11, 29 Sept. 1966.『ラッセル法廷』五～一一頁。

(23) *Against the Crime*, pp. 40–45.『ラッセル法廷』三〇～三七頁。

(24) 前田朗「民衆法廷を継承する精神——原発民衆法廷の経験を手掛かりに」『歴史評論』第八二三号、二〇一八年、五一頁。

(25) Bertrand Russell, *War Crimes in Vietnam*, Monthly Revies Press, 1967, p. 23.

(26) O・A・ウェスタッド、佐々木雄太監訳『グローバル冷戦史——第三世界への介入と現代世界の形成』名古屋大学出版会、二〇一〇年、三九九頁。

(27) Duffett (ed.), *Against the Crime of Silence*, pp. 615, 617, 624–625.『続ラッセル法廷』三〇四、三〇七、三一八～三一九頁。なお、『続ラッセル法廷』版には「すなわち支配に屈しようとしない民族集団に属しているがゆえに、拷問し殺すのです。抵抗したからではなく、抵抗するものとア・プリオリに予断するからこそなのです」という一節が含まれるが、これは、*Against the Crime of Silence* や *Preventing the Crime of Silence* への掲載テクストにも、『植民地の問題』収載版にもない。各テクスト間には他にも内容上微妙な、あるいはかなり重大な差異がある。

(28) *ENDpapers Nine / The Spokesman*, no. 47, Winter 1984–85; *ENDpapers Speical / The Spokesman Pamphlet*, no. 81, Winter 1984–85 にはチョムスキーが「合衆国とイスラエル」という論考を寄せ、両国の軍縮運動を論じている。シャティーラ虐殺については川上泰徳『シャティーラの記憶――パレスチナ難民キャンプの七〇年』岩波書店、二〇一九年、参照。レバノン侵攻につき、小田実らの呼びかけで東京で民衆法廷が行われたが、『歴史評論』誌の特集では言及がない。小田実他編『レバノン侵略とイスラエル――国際民衆法廷・東京一九八三』三友社出版、一九八五年。

(29) Noam Chomsky, 'Peace Process' Prospect, *The Spokesman*, no. 69, 2000, pp. 5–9; Hanan Ashrawi, "Restraint" or Racism in Palestine? *The Spokesman*, no. 70, 2001, pp. 9–13.

(30) ICJ, Legal Consequences of the Construction of a Wall in the Occupied Palestinian Territory (No. 2004/28, 9 July 2004), https://www.icj-cij.org/case/131 ; Resolution adopted by the General Assembly, ES-10/15. Advisory opinion of the International Court of Justice on the Legal Consequences of the Construction of a Wall in the Occupied Palestinian Territory, including in and around East Jerusalem, https://documents.un.org/doc/undoc/gen/n04/440/18/pdf/n0444018.pdf.

(31) Noam Chomsky, 'Exterminate all the Brutes' Gaza 2009, *The Spokesman*, no. 103, 2009, pp. 16, 39. 以下に再録がある。Noam Chomsky & Ilan Pappé, *Gaza in Crisis: Reflections on the U.S.-Israeli War on the Palestine* (Revised and Updated Edition), Hymarket Books, 2010.「ポリティサイド」概念は以下を参照。Baruch Kimmerling, *Politicide: Ariel Sharon's War against the Palestinians*, VERSO, 2003. バールフ・キマーリング、脇浜義明訳『ポリティサイド――アリエル・シャロンの対パレスチナ人戦争』柘植書房新社、二〇〇四年。同書でポリティサイドは「パレスチナ人の正当な社会的・政治的・経済的まとまりとしての存在を解体するプロセス」と定義されている（邦訳書、三頁）。これにはポリティクスとジェノサイドの合成語との訳注が付けられているが、ジェノサイド防止条約では政治的集団がジェノサイドの対象から除外されたことを踏まえて、これを補完し修正をはかるものとの理解もありうる。

(32) アヴィ・シュライム、神尾賢二訳『鉄の壁――イスラエルとアラブ世界（第二版）』上・下、緑風出版、二〇一三年。

(33) Avi Shlaim, Israel's War against Hamas Rhetoric and Reality, *The Spokesman*, no. 103, pp. 40–48.

(34) Richard Falk, Gaza and the Law, *The Spokesman*, no. 103, pp. 49–54.

（35）John Dugard, Apartheid in Palestine, *The Spokesman*, no. 104, 2009, pp. 38–43. フォークやドゥガードら国連特別報告者の経験と報告を記した次の文献がある。Richard Falk, John Dugard & Michael Lynk, *Protecting Human Rights in Occupied Palestine: Working Through the United Nations*, Clarity Press, 2022. これには、彼らの後任でパレスチナ担当特別報告者を務め、現在のガザの状況がジェノサイドにあたる可能性を報告書で示唆し、目下、イスラエルなどからの非難の矢面に立たされているフランチェスカ・アルバニーゼが「まえがき」を寄せている。アルバニーゼの国連人権理事会等への報告書（Anatomy of a genocide: Report of the Special Rapporteur on the situation of human rights in the Palestinian territories occupied since 1967）は以下参照。https://documents.un.org/doc/undoc/gen/g24/046/11/pdf/g2404611.pdf

（36）Tony Sympson, Editorial: Israel's Genocide on Palestine, *The Spokesman*, no. 156, 2023, pp. 3–4. Pierre Galand, Introduction: "Prevent the crime of silence", *Russell Tribunal on Palestine Emergency Session, Brussels 24th September 2014*, pp. 5–6 [https://www.russelltribunalonpalestine.com/en/wp-content/uploads/2014/09/TRP-Concl.-Gaza-EN.pdf].

（37）The Bertrand Russell Peace Foundation, Dossier 2008 Number 28, *The Spokesman*, no. 96, 2007.

（38）Nurit Peled, The Russell Tribunal on Palestine 1. Until when?, *The Spokesman*, no. 104, 2009, pp. 44–46.

（39）The Bertrand Russell Peace Foundation Dossier No. 28: Russell Tribunal on Palestibe, *The Spokesman*, no. 96, 2007, p. 85.

（40）Ibid., pp. 86–88.

（41）各会期毎の報告書や証言その他の文書や記録はラッセル法廷パレスチナのサイトから利用可能。https://www.russelltribunalonpalestine.com/en/index.html

（42）*Russell Tribunal on Palestine Emergency Session, Brussels 24th September 2014*, p. 35.

（43）Conclusions of the First International Session of The Russell Tribunal on Palestine Barcelona 1–3 March 2010 [https://www.russelltribunalonpalestine.com/en/wp-content/uploads/2010/08/CONCLUSIONS-TRP-FINAL-EN-last.pdf].

（44）https://www.russelltribunalonpalestine.com/en/wp-content/uploads/2010/08/Annex-A-Barosso-Letter-1.pdf; https://www.russelltribunalonpalestine.com/en/wp-content/uploads/2010/08/Annex-B-German-Foreign-Minister.pdf; https://www.russelltribunalonpalestine.com/en/wp-content/uploads/2010/08/Annex-B-bis-Eu-Counsel-conclusions-8-dec-2009.pdf

（45）Russell Tribunal on Palestine, 2nd International Session, London 20–22 November 2010, Findings of London Session: Corporate Complicity in Israel's Violation of International Humanitarian & International Human Rights Law [https://www.russelltribunalonpalestine.com/en/wp-content/uploads/2011/01/RTOP-London-Session-Findings.pdf]. ロンドン会期で扱われた企業責任については、翌年、法廷関連資料を用いた論集が出版されている。Asa Winstanley & Frank Barat (eds.), *Corporate Complicity in Israel's Occupation: Evidence from the London Session of the Russell Tribunal on Palestine*, Pluto Press, 2011.

(46) Russell Tribunal on Palestine, 3rd International Session, Cape Town, 5–7 November 2011, Findings of Cape Town Session: Are Israel's practices against the Palestinian People in breach of the prohibition of Apartheid under International Law [https://www.russelltribunalonpalestine.com/en/wp-content/uploads/2011/11/RToP-Cape-Town-full-findings3.pdf].

(47) 「アパルトヘイト犯罪の抑圧及び処罰に関する国際条約」、松井芳郎他編『国際人権条約・宣言集【第3版】』東信堂、二〇〇五年。https://digitallibrary.un.org/record/191217?v=pdf

(48) Russell Tribunal on Palestine, Fourth International Session — New York, 6–8 October 2012 US Complicity and UN Failings in Dealing with Israel's Violations of International Law Towards the Palestinian People [https://www.russelltribunalonpalestine.com/en/sessions/future-sessions/new-york-session-full-findings.html].

(49) Executive Summary of the Findings of the Fourth Session of The Russell Tribunal, p. 3 [https://www.russelltribunalonpalestine.com/en/wp-content/uploads/2012/10/TRP-Concl.-NYC-EN.pdf].

(50) John Galtung, Sociocide in General; Palestine-Israel in Particular [https://www.russelltribunalonpalestine.com/en/sessions/future-sessions/john-galtung.html].

(51) Sara Roy, *The Gaza Strip: The Political Economy of De-development* (3rd ed.), Institute for Palestine Studies USA, 2016 (1st ed., 1996). サラ・ロイ、岡真理他編訳『ホロコーストからガザへ——パレスチナの政治経済学』青土社、二〇〇九年（新装版、二〇二四年）。

(52) 前田前掲論文、四六頁。

(53) Findings of the Final Session of the Russell Tribunal on Palestine Brussels, 16–17 March 2013 [https://www.russelltribunalonpalestine.com/en/full-findings-of-the-final-session-en.html].

（54）唯一無二性と歴史的統合の困難なしかし不可避の関係づけは、オメル・バルトフ、橋本伸也訳『ホロコーストとジェノサイド――ガリツィアの記憶からパレスチナの語りへ』岩波書店、二〇二四年、の第一章「歴史上の唯一無二性と統合された歴史」を参照。また、「記憶の連帯」については、以下を参照。Jie-Hyun Lim & Eve Rosenhaft (eds.), *Mnemonic Solidarity: Global Interventions*, Palgrave Macmillan, 2012.

（55）Russell Tribunal on Palestine, Gaza under attack Summary of findings, *The Spokesman*, no. 126, 2014, pp. 19–33. Russell Tribunal on Palestine, Brussels — 24 September 2014 [https://www.russelltribunalonpalestine.com/en/wp-content/uploads/2014/09/TRP-Concl.-Gaza-EN.pdf].

（56）Richard Falk, Preventing the crime of indifference, *The Spokesman*, no. 126, 2014, pp. 5–6.

（57）Ahdaf Soueif, Genocide is not far behind, *Russell Tribunal on Palestine Emergency Session, Brussels 24th September 2014*, 2014, p. 4.

（58）Falk, Preventing the crime of indifference, p. 7.

（59）Ibid., pp. 7–8.

（60）彼の個人サイトに掲載された最近の一連の論考やインタヴューを参照。https://richardfalk.org/

（61）この展開の理解にとって、ドイツ統一後のホロコースト言説の「右」旋回と「ホロコーストのアメリカ化」が重要な契機と思われる。これについて注目すべき指摘を記憶法研究の泰斗ニコライ・コーポソフが行っている（コーポソフ、橋本伸也訳「「フランス・ヴィールス」――ヨーロッパにおける刑事立法と記憶の政治」『思想』第一一五七号、二〇二〇年、二三頁、四〇～四一頁）。

（62）他にも言及があるが、シルヴァン・シペル、林昌宏訳『イスラエルvsユダヤ人――中東版「アパルトヘイト」とハイテク軍事産業【増補新版〈ガザ以降〉】』明石書店、二〇二四年、第八章「ヒトラーはユダヤ人を根絶したかったのではない」が詳しい。

（63）ホロコースト記憶の文脈化と統合は、バルトフ『ホロコーストとジェノサイド』第一章を参照。

終　章　「戦争を生み出す磁場」と「記憶の連帯」

（1）イラン・パペ、脇浜義明訳『イスラエルに関する十の神話』法政大学出版局、二〇一八年。

（2）Jakob Barnai, Eretz Israel - Filanstin - The Holy Land: Main Dilemmas in Israeli Historiography, in Tibor Frank & Frank Hadler (eds.), *Disputed Territories and Shared Pasts: Overlapping National Histories in Modern Europe*, Palgrave Macmillan, 2011, pp. 382–383.

（3）李成市『闘争の場としての古代史――東アジア史のゆくえ』岩波書店、二〇一八年、一六頁。

（4）『思想』第一一七四号、二〇二二年。以下の叙述は、この特集の序言である橋本伸也「「民主主義の危機」と向き合う」に大幅に加筆した部分を含む。

（5）リン・ハント、長谷川貴彦訳『なぜ歴史を学ぶのか』岩波書店、二〇一九年。キャロル・グラック『戦争の記憶　コロンビア大学特別講義――学生との対話』講談社（講談社現代新書）、二〇一九年、第四章。

（6）ステファン・ベルガー、橋本伸也訳・解題「右翼ポピュリズムと格闘する――どんな種類の民主主義のためのいかなる歴史記憶か？」『思想』第一一七四号、二〇二二年。

（7）ニーラードリ・バッターチャーリヤ、粟屋利江訳・解題「「ポスト・ナショナル」とはいつだったか？――ポピュリズム時代におけるインドの歴史叙述」、同前。

（8）Cf., Antoon De Baets, "Democracy and Historical Writing," *Historiografías*, No. 9, 2015; Antoon De Baets, *Crimes against History*, Routledge, 2019. http://www.concernedhistorians.org/

（9）中野耕太郎「ポスト・トゥルース時代の歴史認識」『歴史評論』第八七八号、二〇二三年。

（10）合衆国で大学キャンパスは政治的・警察的な監視対象である。共和党が「キャンパス・アンチセミティズム」に関する浩瀚な報告書を作成し、大学側の対応次第で連邦補助金カットなどの措置を取るよう求めていることに留意。Committee on Education and the Workforce, U.S. House of Representatives, Antisemitism on College Campuses Exposed, October, 31, 2024 [https://edworkforce.house.gov/uploadedfiles/10.30.24_committee_on_education_and_the_workforce_republican_staff_report - _antisemitism_on_college_campuses_exposed.pdf].

（11）ベルベル・ベヴェルナジェ、ケイト・E・ティモニー、小田中直樹訳・解題「「和解」のための歴史学――三つのモデルとその含意を批判的に評価する」『思想』第一一七四号、一一八頁。

（12）スペインでは、フランコ総統の遺骸の国立慰霊施設からの改葬の影響もあり、二〇一九年の総選挙では左派が辛うじて勝利したものの、右派政党も大きく躍進する結果となった。https://www.bbc.com/news/world-europe-50164806; https://www.bbc.com/news/world-europe-50367870

（13）塩川伸明『冷戦終焉二〇年——何が、どのようにして終わったのか』勁草書房、二〇一〇年、一四三〜一五五頁。

（14）ウェンディ・ブラウン、中井亜佐子訳『いかにして民主主義は失われていくのか』みすず書房、二〇一七年、一頁。

（15）林志弦（イム・ジヒョン）、長谷川貴彦訳・解題「ネオ・ポピュリズムの時代に大衆独裁を呼び起こす——ファシズム、ポピュリズム、デモクラシーの収斂について」『思想』第一一七四号、一九頁。

（16）たとえば、高橋和夫『パレスチナ問題の展開』左右社、二〇二一年、第五章を参照。

（17）たとえば、湊一樹『「モディ」化するインド——大国幻想が生み出した権威主義』中央公論新社、二〇二四年、を参照。

（18）Hilene Flanzbaum (ed.), *The Americanization of the Holocaust*, Johns Hopkins University Press, 1999. アメリカ合衆国におけるホロコーストの意識化については以下も参照。Peter Novick, *The Holocaust in American Life*, A Mariner Book, 2000.

（19）黒澤隆文編訳『中立国スイスとナチズム——第二次世界大戦と歴史認識』京都大学学術出版会、二〇一〇年。

（20）Ex. S. Muir & H. Worthen (eds.), *Finland's Holocaust: Silences of History*, Palgrave Macmillan, 2013. Randolph L. Braham & András Kovács (eds.), *The Holocaust in Hungary: Seventy Years Later*, CEU Press, 2016.

（21）Ex. John-Paul Himka, *Ukrainian Nationalists and the Holocaust: OUN and UPA's Participation in the Destruction of Ukrainian Jewery, 1941–1944*, ibidem-Verlag, 2021; Omer Bartov, *Anatomy of a Genocide: The Life and Death of a Town Called Buczacz*, Simon & Schuster, 2018.

（22）Geoff Eley, What is Fascism and Where does it Come From?, *History Workshop Journal*, Issue 91, 2021, p. 2.

（23）See Jewish Voice for Peace, *On Antisemitism: Solidarity and the Struggle for Justice*, Haymarkets Books, 2017. 同書は、す

でに十年余にもわたって反ユダヤ主義をめぐる「定義の政治」に抵抗したアメリカのユダヤ人活動家、とりわけ学生たちが直面した圧迫と苦悩を生々しく伝える。

（24）エンツォ・トラヴェルソ、湯川順夫訳『ポピュリズムとファシズム――二一世紀の全体主義のゆくえ』作品社、二〇二一年、四四頁。

（25）David Feldman & Marc Volovici (eds.), *Antisemitism, Islamophobia and the Politics of Definition*, Palgrave Macmillan, 2023. Paul Hedges, *Religious Hatred: Prejudice, Islamophobia and Antisemitism in Global Context*, Bloomsbury, 2021. James Renton & Ben Gidley (eds.), *Antisemitism and Islamophobia in Europe: A Shared Story?*, Palgrave Macmillan, 2017.

（26）イム・ジヒョン（林志弦）「グローバルな記憶空間と犠牲者意識《ヴィクティムフッド》――ホロコースト、植民地主義ジェノサイド、スターリニズム・テロの記憶はどのように出会うのか」、橋本伸也編『紛争化させられる過去――アジアとヨーロッパにおける歴史の政治化』岩波書店、二〇一八年、第八章。初出は『思想』第一一一六号、二〇一七年。林志弦、澤田克己訳『犠牲者意識ナショナリズム――国境を超える「記憶」の戦争』東洋経済新報社、二〇二二年。

（27）イヴ・ローゼンハフト、井野瀬久美恵訳・解題「多方向的記憶を超えて――抗争するディアスポラ、ホロコーストの記憶、崩れゆく戦後体制」『思想』第一一七四号。

（28）Lim Jie-Hyun & Eve Rosenhaft (eds.), *Mnemonic Solidarity: Global Intervention*, Palgrave Macmillan, 2021.

（29）Michael Rothberg, *Multidirectional Memory: Remembering the Holocaust in the Age of Decolonization*, Sttanford University Press, 2009.

（30）バシール・バシール、アモス・ゴールドバーグ編、小森謙一郎訳『ホロコーストとナクバ――歴史とトラウマについての新たな話法』水声社、二〇二三年、一一九頁。

（31）オメル・バルトフ、橋本伸也訳『ホロコーストとジェノサイド――ガリツィアの記憶からパレスチナの語りへ』岩波書店、二〇二四年、二八一頁。

（32）ラン・ツヴァイゲンバーグ、若尾祐司他訳『ヒロシマ――グローバルな記憶文化の形成』名古屋大学出版会、二〇二〇年、一一頁。

あとがき

本書を貫くひとつの問いは、時代の転換と呼ぶべきものが確かに存在し、私たちの眼前でそれが展開中なのだとしたら、従前の確立された思考の枠組みや学術的な語彙は、その現実を適切に捉えるための道具として機能しうるのか、ということである。あるいは、既存の方法や概念は、現実と対峙するなかでどのように見直し《リヴィジョン》されねばならないのか、と言い換えてもよい。出来合いの思考方法を次々に異なる対象に当てはめるだけの言説上の反復に安住することなく、そのような思考方法が生起した条件自体を議論の俎上に載せ、現実を直視して妥当性を点検しなければならない。

本書で直接扱ったのは、過去の政治的取り扱いとしての「記憶の政治」の問題であり、「ホロコースト」と「ジェノサイド」という概念である。だが、第1章などで簡単に触れるにとどまったが、「民主化」や「人権」など問い直されるべき概念は数多くあるように感じる。人権を掲げた介入的政治がめざした「人権」とは何なのか、それは人権の普遍的な達成に資するものだったのか、というように。かつてこの種の議論は「イデオロギー批判」と表現されたが、「イデオロギー」概念が矮小化され、「批判」自体が忌避されるなか、権威化した思考の型を乗り越えられなくなってはいないだろうか。

現在が時代の転換点と思われる出来事は各所に噴出している。欧米諸国、とりわけ自由民主主義を奉じた大国における政治危機の深刻さには目を見張るものがある。国際政治の構図の変化もめざましい。だが、現在が転換点なのだとしたら、転換中のひとつの時代の起点はどこにあるのか。今起こっているふたつの戦争の場合、それは第一次世界大戦とロシア革命に捉えられるだろう。シオニストの主張が帝国主義諸国から容認され、独立は封じられたがソ連のなかでウクライナという政治的単位が確定したのはこの時である。また、アメリカの失墜ぶりからは、第二次世界大戦後の秩序の終焉という見方もありうるし、冷戦終結とソ連解体以降の一世代の時間の閉幕かもしれない。逆にもっと遡って、人権と民主主義を理念と制度として生成し始めた啓蒙期に至ることも可能だろう。現実にはこれらが折り重なった形で現実の変動は進んでいるのだろうから、本書に収めた小文を準備する時には、そうした多元的な視角のもとに「現在」を再審するような思考と概念を見出したいと考えていた。

本書は筆者にとって、ともに二〇二三年に亡くなったふたりの「父」への追悼の書でもある。

ひとりは、同志社大学でドイツ近現代史を講じた望田幸男先生。教育学の世界で迷子となり、行き場を失った大学院生を拾って育ててくれた学問上の「養父」であった。その後四〇年間、なんとか歴史研究者の端くれでいられたのはそのおかげである。

本書では、望田の『ナチス追及——ドイツの戦後』（講談社現代新書、一九九〇年）を筆頭に長く日本で範型視されたドイツの「過去の克服」が、ポスト冷戦時代の世界史的変動のなかで失効し反対物に転じたことを論じ、それに代わる枠組みの可能性を模索した。読み方次第だが、望田的な思考の否定と捉える向きもあるだろう。だが、それは違う。晩年の望田はしばしば、講座派や大塚久雄、丸山眞男など戦後知識人の抱く歴史像を「悔恨の近代史」と呼び、哀惜の情を込めてこれと決別した自身の足跡を語った。決別の理由は、眼前でめまぐるしく変転する現実だった（橋本伸也「「戦後史学」の捉え方、望田史学の継承と批判」『ゲシヒテ』第七号、二〇一四年、参照）。果断な自己刷新を遂げた望田の姿勢に学んで二〇〇一年以降の世界を凝視するなかで、本書に結実する筆者の思考は生まれた。望田は時折、「それぞれの世代は自分の時代の歌を口ずさめば良い」と語っていた。先人の到達した命題の教条化を退け、自身の立ち位置を歴史化し、眼前で生起する事態を直視して過去と現在の理解を更新することは、歴史に携わる者の最低限の責務だと教わった。

もうひとりは、実父の橋本雅弘。京都帝国大学入学後まもなく「終戦」を迎えた彼は、戦後日本の進路を見極めようと休学してあてどなく東京に向かい、偶然見つけた極東国際軍事裁判の翻訳係の求人に応じて歴史の現場を目撃し、その後の長い寄り道を経て京都の労働者街の町医者になった。その後、どういう経緯でか「ベトナムにおける戦争犯罪調査日本委員会」の第二次調査団（一九六七年）に加わり、医学的な戦争被害の「専門家」扱いで証言や執筆をしていた。持ち帰った物品の一部は本人が博物館に寄託したが、目録中に史料的価値の高いものは乏しく、生前、他の所在を尋ねても「そんなのないなぁ」とすげなく答えていた。だが、遺品のなかには手書きの診察メモや被害写真が残されていた。これら第一級の史料の扱いはいまだ思案中だが、周縁的ながら父が関与し「ジェノサイド」の語を小学生の記憶に刻んだ国際的運動の文脈だけは、本書で示せたように思う。

ふたりは、戦後啓蒙の時代を青年期の友人として生き、破断した世界の再生と革新と平和をめざす同志だった。ふたりはともに、「ホロコースト」や「ジェノサイド」と格闘する日本で最初の世代に属していた。だが、本書における「ホロコースト」と「ジェノサイド」の扱い方は、ふたりのそれとは隔たっている。この世代の創造した観念や言葉の体系がよそよそしい力どころか暴力に転じたことを踏まえ、副題に「「ホロコースト」の呪縛」と記したほどである。それにもかかわらず、意図したのは決別ではない。哀惜の情を添えた断絶による止揚である。批判を介してはじめて、若き日以来、彼らが追求した価値を再創造する道は開かれると考えるからである。

序章に記したように、本書は旧稿に加筆し書き下ろしを加えて編んだが、初出は次のとおりである。

序　章　書き下ろし

第1章　「「歴史」の書かれ方と「記憶」のされ方——人々はなぜ過去をめぐって諍いを起こすのか」『歴史評論』第八七八号、二〇二三年。

第2章　「「紛争化させられる過去」再論——記憶の戦争から軍事侵攻への飛躍について」『世界　臨時増刊　ウクライナ侵略戦争——世界秩序の危機』、二〇二二年。

第3章　「「ウクライナ史」とはなにか？——国民史の構築と記憶の衝突」『歴史学研究』第一〇三七号、二〇二三年。

第4章　「「ジェノサイド」の想起と忘却をめぐる覚書——コスプレ化と犠牲者性ナショナリズムと知的忘却」、山室信一他編『われわれはどんな「世界」を生きているのか——来るべき人文学のために』ナカニシヤ出版、二〇一九年。

補論1　「フィリップ・サンズ著、園部哲訳『ニュルンベルク合流――「ジェノサイド」と「人道に対する罪」の起源』」『西洋史学』第二七〇号、二〇二〇年。
第5章　「ティモシー・スナイダーと『ブラッドランヅ』」『東欧史研究』第三九号、二〇一七年。
第6章　「ルータ・ヴァナガイテ、エフライム・ズロフ著、重松尚訳『同胞――リトアニアのホロコースト　伏せられた歴史』」『現代史研究』第六八号、二〇二二年。
第7章　「「歴史家論争2.0」とドイツの転落――「過去の克服」の意味転換」『世界』第九八二号、二〇二四年。
補論2　「バシール・バシール、アモス・ゴールドバーグ編、小森謙一郎訳『ホロコーストとナクバ――歴史とトラウマについての新たな話法』」『西洋史学』第二七七号、二〇二四年。
第8章　書き下ろし
終　章　「「民主主義の危機」と向き合う」『思想』第一一七四号、二〇二二年。

本書刊行の機会を与えてくださったのは名古屋大学出版会の橘宗吾さんである。お互いまだ駆け出しの頃から知り合いの橘さんは、細々と書きためた小論を読み込んで一冊の書物とすることを提案してくださった。旧著のあとがきで橘さんを名伯楽に擬えたが、今回もまたその思いを抱くこととなった。編集実務に当られたのは三原大地さんである。おふたりに心より感謝したい。

二〇二五年一月九日

橋本伸也

索　　引

ア　行

カ　行

サ　行

タ　行

ナ　行

ハ　行

マ　行

ヤ　行

ラ・ワ行

《著者略歴》

橋本伸也《はしもとのぶや》

1959年　京都市に生まれる
1988年　京都大学大学院教育学研究科博士後期課程学修認定退学
現　在　関西学院大学文学部教授，博士（教育学）
著訳書　『帝国・身分・学校――帝制期ロシアにおける教育の社会文化史』（名古屋大学出版会，2010年）
『記憶の政治――ヨーロッパの歴史認識紛争』（岩波書店，2016年）
『せめぎあう中東欧・ロシアの歴史認識問題――ナチズムと社会主義の過去をめぐる葛藤』（編著，ミネルヴァ書房，2017年）
『紛争化させられる過去――アジアとヨーロッパにおける歴史の政治化』（編著，岩波書店，2018年）
ヤーラオシュ『灰燼のなかから――20世紀ヨーロッパ史の試み』（上・下，人文書院，2022年）
バルトフ『ホロコーストとジェノサイド――ガリツィアの記憶からパレスチナの語りへ』（岩波書店，2024年）他多数

記憶の戦争
―「ホロコースト」の呪縛と現代的危機―

2025年 3 月20日　初版第1刷発行

定価はカバーに
表示しています

著　者　橋　本　伸　也
発行者　西　澤　泰　彦

発行所　一般財団法人 名古屋大学出版会
〒464-0814　名古屋市千種区不老町1名古屋大学構内
電話(052)781-5027 / FAX(052)781-0697

印刷・製本　亜細亜印刷㈱　　ISBN978-4-8158-1189-1
乱丁・落丁はお取替えいたします。